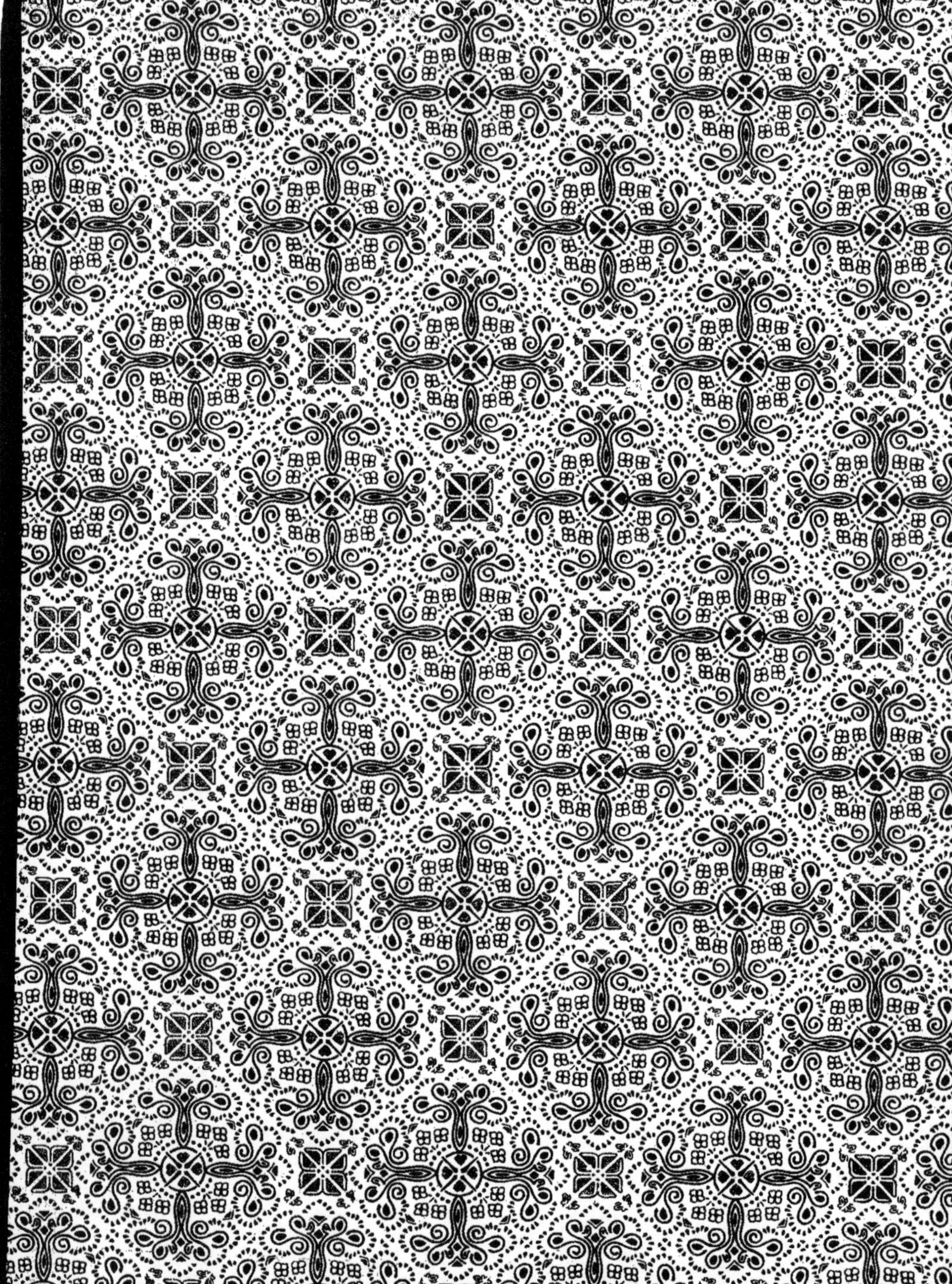

RÉCITS ET VISIONS DE GUERRE

Il a été tiré de cet ouvrage 50 exemplaires tous numérotés à la presse sur papier des manufactures impériales du Japon.

Les numéros 1 à 15 contiennent chacun une remarque de la main de Georges SCOTT.

LULLE-BURGAS. — CAVALIER BULGARE, 9e RÉGIMENT

Dans les Balkans

1912-1913

RÉCITS ET VISIONS DE GUERRE

Tableaux et croquis de route

rapportés par

GEORGES SCOTT

RÉCITS

DE

Mme HÉLÈNE LEUNE et de MM. GUSTAVE CIRILLI, RENÉ PUAUX, GUSTAVE BABIN, GEORGES RÉMOND, Capitaine de frégate NEL, JEAN LEUNE, ALAIN DE PENENNRUN

LIBRAIRIE CHAPELOT

MARC IMHAUS ET RENÉ CHAPELOT, ÉDITEURS

PARIS - 30, Rue Dauphine - PARIS

UNE AME SERBE

PAR ALAIN DE PENENNRUN

CORRESPONDANT DE GUERRE DE "L'ILLUSTRATION"

Je connaissais un officier serbe du nom de Pierre Michaïlowitch qui fut tué pendant la bataille de la Bregalnitza et dont le corps, décapité par les Bulgares, fut laissé abandonné par eux dans un coin du village de Krivolak.

Cette fin, en apparence banale par ces temps d'atrocités et de combats sans trève, m'émut cependant bien, au delà de ce que l'on peut croire, quand j'en eus appris les détails et surtout la cause.

Ils me furent révélés par un de mes amis, qui était aussi celui de Pierre Michaïlowitch, lorsque je revins à Belgrade au moment de l'armistice. Seuls, quelques officiers serbes et moi connaissons maintenant le drame intime dont cette mort fut le dénouement, et c'est seulement aujourd'hui que je me crois autorisé à le raconter en dissimulant sous un nom emprunté celui de son véritable héros.

Pendant une longue soirée à Belgrade, mon ami me narra cette douloureuse histoire dont je devins alors l'un des rares dépositaires. Le hasard devait d'ailleurs m'y donner dans la suite un rôle... le plus pénible... celui du messager de la funèbre nouvelle à celle que tout particulièrement elle devait intéresser.

Venu en France pour suivre les cours de nos diverses écoles militaires, Pierre Michaïlowitch, en même temps qu'il apportait toute son ardeur à s'instruire de nos méthodes de guerre, cherchait à se mêler également aussi profondément que possible à notre milieu social. Il fréquentait assidûment nombre de familles françaises où toujours assez sympathiquement il était reçu. Apparenté aux Karageorgewitch et à plusieurs familles de la colonie serbe, tous les salons lui furent ouverts. On lui témoigna tout d'abord un peu de cette curiosité plus ou moins bienveillante que nos pareils déploient avec cette exquise impertinence qu'on appelle la politesse de notre race, puis, reconnaissant en lui un fonds de qualités sérieuses, les uns se lièrent d'amitié avec lui; d'autres, sans pousser aussi loin l'étude, le négligèrent et passèrent à une autre nouveauté, à un autre objet excitant leur badauderie superficielle et vaine.

Les femmes surtout montraient un incommensurable dédain pour celui qui, sous son aspect un peu lourd, un peu froid, ne parvenait pas à les émouvoir d'une parole frôleuse ou d'un captivant sourire... Les femmes pouvaient-elles s'intéresser à cet étranger si différent de leurs flirts habituels... Un Serbe ? qu'était-ce à dire si ce n'est un barbare, un ours de je ne sais quelle Moscovie enfouie là-bas dans d'invraisemblables montagnes au sud du Danube, au fond de l'Orient inconnu.

Pierre Michaïlowitch, malheureux de quelques tentatives sans objet, rencontra cependant un jour une jeune fille dont la vue l'impressionna profondément. Celle-ci, bonne et simple sans doute, mais encombrée de tous les préjugés navrants que notre pauvre éducation s'emploie à consolider, dénuée, par contre, du jugement net, qu'une morale saine et de bon aloi ne sait plus maintenir aux cœurs des nôtres, se mit à rire légèrement quand, très bas, très ému, Pierre Michaïlowitch s'enhardit à lui avouer... lourdement, maladroitement, l'incommensurable ivresse qui débordait de son âme... Elle se mit à rire et, comme les autres..., passa dédaigneuse, orgueilleuse, peut-être hostile désormais.

La guerre survint... Ce fut alors une autre ivresse au cœur du jeune homme. Comme tous les autres, comme tous nos camarades Slaves, il quitta notre Patrie pour aller défendre la sienne. La douleur profonde qui l'avait mordu au cœur s'était quelque peu assourdie. Une autre voix parlait en lui... Celle de « l'Appel des armes ». Dans une joie folle il se rua au combat... Affecté au commandement d'un escadron de cavalerie dans la division du prince Arsène, il fut des premiers à franchir la frontière serbe près de Vranja. Ce fut lui qui, lancé hardiment en reconnaissance d'officier, découvrit le mouvement en avant des Turcs au nord d'Uskub, mouvement fort inattendu et qui amena la rencontre décisive de la campagne en une époque beaucoup plus rapprochée que celle escomptée par le commandement serbe. Pendant le heurt sanglant de Kumanovo, le jeune officier se fit remarquer par une audace et une témérité sans limites. Après la bataille il fut un des premiers à pénétrer dans Uskub abandonné par les Turcs et menacé de pillages par les bandes irrégulières de toutes races qui déjà envahissaient la ville.

La campagne continua, pendant tout l'hiver, dure, pénible au milieu de souffrances vaillamment supportées et de dangers constants héroïquement affrontés. Blessé d'une balle à la cuisse, à Monastir, Pierre Michaïlowitch dut s'aliter et venir se faire hospitaliser à Salonique. Pendant les longues semaines d'immobilité que lui valurent sa blessure, le rêve étouffé jadis reprenait plus de force. La solitude du cœur est propice aux chères rêveries et il semblait à l'officier blessé qu'hier encore la troublante image qu'il voyait partout autour de lui venait de le quitter.

Un jour il tressaillit : une mission de la Croix-Rouge française venait d'arriver prêter aux Slaves et aux Hellènes le secours et les soins que seuls savent prodiguer des cœurs amis. Une silhouette connue passa, s'étonna de le retrouver là... c'était une jeune femme amie de celle dont il rêvait sans cesse et qui connaissait l'officier serbe, l'ayant plusieurs fois rencontré à Paris. L'intimité que ne pouvait manquer de produire pareille rencontre fut très grande au bout de quelques jours... Bientôt l'infirmière française fut au courant d'une passion dont elle s'effraya rapidement de ne pouvoir mesurer exactement la profondeur, ni adoucir la violence.

L'officier guéri, la campagne d'Albanie exigeait de nouveaux efforts des troupes Serbes, immobiles depuis plusieurs mois. Il dut donc partir pour Scutari sur un transport

ANDRINOPLE. — LE CHEMIN DE LA MORT

grec, quand, au large de Durazzo, un matin, quelques instants avant l'heure fixée pour le débarquement, une fumée grisâtre apparut à l'horizon et l'on vit à toute vapeur accourir le croiseur turc *Hamidié* le redoutable corsaire que l'activité de son commandant Reouf bey rendait à lui seul plus dangereux que le reste de la flotte ottomane tout ensemble. Quatre transports furent coulés sur les côtes inhospitalières de l'Albanie, et, tandis que, s'efforçant de gagner à la nage le rivage lointain, les soldats serbes faisaient des efforts surhumains pour échapper à la mort, l'on vit l'un d'eux, sous la grêle d'obus des pièces à tir rapide du *Hamidié*, aller et revenir successivement huit fois de l'épave à la côte et de la côte à l'épave, entraînant à chacun de ses voyages un de ses frères d'armes épuisé, blessé ou à demi noyé. Cet homme, c'était Pierre Michaïlowitch. Décoré après Kumanovo de la croix du Mérite militaire pour sa bravoure, il reçut comme prix de son dévouement l'Etoile de Karageorge, puis fut bientôt nommé capitaine. En Albanie, il se distingua dans des actions de détail où il semblait qu'à force de témérité et d'audace il dût étonner les siens et le monde entier même par d'invraisemblables exploits... Ainsi pouvait-il agir avec seulement au cœur la pensée d'une femme et l'illusion que son courage forcerait son amour. Car, à nouveau, il espérait... Le jour où, la paix signée, la mission de la Croix-Rouge française s'embarquait à Salonique pour gagner Marseille, Pierre Michaïlowitch se tenait sur le quai, des premiers à saluer les vaillantes infirmières qui partaient. Celle qui l'avait soigné le revit sans étonnement :

« Madame, lui dit le jeune homme, répondant aux compliments que lui faisait cette charmante femme sur sa vaillance et sur les glorieux insignes qui brillaient sur sa poitrine... tout ceci n'est rien... vous savez à qui je pensais quand j'accomplissais ce que l'on a bien voulu nommer mes exploits... vous savez surtout pour qui je les accomplissais... Que pourrait peser dans la balance du jugement d'une jeune fille française le poids de pareilles actions? je l'ignore... mais je voudrais qu'elle sût à quel point je l'aimais et pourquoi j'ai fait tout cela ! — Elle le saura, je vous le promets. »

Ils se séparèrent... A quelque temps de là, Pierre Michaïlowitch reçut une lettre de Paris à l'écriture longue et menue...

« Monsieur, lui disait-on, mon amie vous admire, mais je ne puis vous celer que son
« cœur ne songe à vous qu'avec la plus sincère amitié, peut-être, mais point du tout d'amour...
« Oubliez-la comme elle vous oublie et songez plutôt à trouver une compagne dans votre
« chère Patrie, qui vous console et vous apporte la joie calme du foyer que vous méritez si
« bien et que vos amis vous souhaitent. »

Pendant longtemps personne ne vit plus Pierre Michaïlowitch, ni à Salonique d'où les troupes serbes s'étaient retirées, ni à Belgrade. Perdu, caché dans une petite propriété des environs de Nich, il était demeuré là à souffrir et à sentir son cœur se déchirer tous les jours davantage. Puis, l'inquiète jalousie des Bulgares mettant à nouveau l'Orient en feu, il dut rejoindre son escadron et partir en campagne pour la troisième fois.

C'était à l'aile droite des Serbes, entre le Vardar et la Kriva Lakavitza, la division du Timok reculait en désordre, surprise par l'attaque bulgare. Accablée par des forces supérieures, elle se trouvait acculée à l'unique passage du pont de Krivolak déjà encombré par les fuyards. Les soldats serbes avaient résisté bravement, comme jadis les Français à Beaumont, sous les coups de la mitraille ennemie, qui avait couvert de ses éclats leurs bivouacs endormis sans défiance. Puis il avait fallu reculer... ici aussi ils étaient trop... L'effort de l'adversaire s'exerçait de tout son poids sur la droite de l'armée du général Yankowitch ; aux régiments du général Kovatchef s'ajoutaient ceux d'une partie de l'armée du général Ivanof... Comme une mer sauvage les bataillons bulgares déferlaient en poussant des clameurs et des cris de victoire... ils avançaient irrésistibles, féroces... foule hurlante dont l'aspect farouche et l'inhumaine cruauté glaçaient les cœurs les plus éprouvés, les courages les mieux trempés. La division du Timok, renforcée de régiments du 3e ban, n'avait pas la cohésion ni l'homogénéité parfaite des autres divisions des armées du roi Pierre ; erreur, hasard ou surprise, elle avait été placée au point précisément le plus dangereux, le plus critique de la ligne de bataille et elle cédait... elle reculait. Repoussant ses débris devant eux, les Bulgares s'avançaient en masse vers le pont de Krivolak, seul passage sur le Vardar par lequel ils espéraient rejeter définitivement l'aile droite serbe sur Uskub et la couper de sa ligne de communications, la voie ferrée de Salonique à Uskub et à Nich.

Pendant trois jours Pierre Michaïlowitch avait lutté rageusement autour de Krivolak, réunissant autour de lui une foule d'isolés, d'égarés, de volontaires de toute sorte. Mais, comme les autres, contraint de repasser le Vardar, il avait dû reporter sa petite troupe sur la rive droite du fleuve que l'ennemi, épuisé par une lutte de plus de 60 heures, ne paraissait pas encore en état de franchir.

D'ailleurs, l'héroïque résistance des régiments serbes allait bientôt porter ses fruits. Un important renfort accourait d'Uskub. Une brigade entière de volontaires, amenée par voie ferrée, débarquait en pleine voie et rétablissait le combat ; l'on apprenait que l'aile gauche, l'armée du prince Alexandre, était victorieuse au Drenek et à Raïtchani, que le centre résistait et prenait l'offensive à Istip et sur la Bregalnitza.

Aussi l'ordre de faire sauter le pont de Krivolak dès le dernier soldat serbe passé sur la rive droite fut-il suspendu et le passage conservé intact afin de permettre une reprise ultérieure et désormais possible de l'offensive.

C'est à ce moment que se passa un fait étrange, inouï, incompréhensible pour quiconque n'en connaissait l'intime raison ni le secret motif. Pendant cette sorte de trève que l'épuisement réciproque des adversaires avait nécessitée et pendant laquelle, de part et d'autre du Vardar, immobiles, les deux armées s'observaient, on vit s'avancer de la rive serbe un homme, seul, à pied, tête nue, le sabre à la main droite, un revolver dans la main gauche. Il franchit le pont sans qu'un seul coup de feu fût tiré contre lui et, continuant sa route, il marcha droit vers les Bulgares qui occupaient le village.

Cet homme était le capitaine Pierre Michaïlowitch, du 2e régiment de cavalerie serbe. Par un incroyable bonheur, resté sans une égratignure tandis que la mort fauchait à pleines gerbes autour de lui, il avait vu successivement tous les siens s'abattre blessés, morts, épuisés... Le dernier il avait repassé le Vardar et, quand quelqu'un lui demandait de moins s'exposer aux balles, il ne répondait que par un sourire résigné et un imperceptible haussement d'épaules... Voici que, maintenant, seul,

APRÈS L'ASSAUT D'ANDRINOPLE. LES SANITAIRES VISITENT LE CHAMP DE BATAILLE

Blessés à la station
de Gornorechovitza

il s'avançait au-devant des Bulgares. La mort n'avait pas voulu de lui..., il allait au-devant d'elle... Ce fut héroïque et stupide... admirable et inutile.

Arrivé à quelque distance des vedettes bulgares, l'une d'elles lui intima l'ordre de s'arrêter. Il n'en fit rien. A la deuxième injonction le soldat bulgare arma son manulicher et tira. Pour mieux montrer ses intentions agressives, Pierre Michaïlowitch, prenant son revolver dans la main droite, ajusta longuement l'une des sentinelles ennemies et pressa la détente. Un cri de rage s'éleva et le Bulgare, atteint en plein front, tournoya sur lui-même et s'abattit la face en avant. De tous côtés les coups de feu éclatèrent, tandis que de vingt endroits différents les Bulgares s'élançaient vers le fou assez audacieux pour venir à lui seul attaquer une armée.

Pierre Michaïlowitch tomba sur un genou, la hanche brisée, et comme il cherchait à ajuster encore ceux qui l'approchaient, un soldat l'acheva en lui plantant sa baïonnette dans la gorge. Puis les Bulgares dépouillèrent son cadavre, le mutilèrent et enfin se retirèrent.

Muets d'horreur, les Serbes de la rive droite avaient assisté à cette courte et incompréhensible scène. Tout s'était passé si rapidement que personne n'avait pu faire même un geste pour s'y opposer.

Le soir, les régiments de la division de Morava puis ceux de la division du Timok et de la brigade d'Uskub attaquèrent et réoccupèrent Krivolak. Mon ami courut à l'endroit où il avait vu tomber Pierre Michaïlowitch. Autour de son corps, cinq cadavres bulgares montraient que chèrement il avait vendu sa vie. Il s'était fait tuer..., mais il s'était battu pour se faire tuer.

Sur lui, l'on retrouva un télégramme écrit en français et daté des environs de Saint-Germain : « Oubliez tout. Elle est fiancée... » y était-il mandé, et suivait une signature féminine. Dans le portefeuille de l'officier, une lettre, en français également, avec la suscription suivante : « Lorsque la main d'un ami trouvera cette lettre sur mon cadavre, que cet ami veuille bien la faire parvenir à son adresse et dire comment je suis mort au champ d'honneur. »

. . . .

Et c'est ainsi que l'ancien camarade de Pierre Michaïlowitch, devenu reporter en Serbie, vint un soir du dernier mois d'août sonner à la grille d'une villa des environs de Paris et rémettre à son adresse la lettre d'adieu de son ami.

Le pauvre officier serbe avait aimé une fille de France et, sachant qu'il ne pourrait plus désormais en aimer une autre, il avait préféré mourir pour celle dont son cœur était rempli en prononçant son nom dans un dernier adieu...

LES LONGUES FILES DE TROUPES ET DE CONVOIS EN THRACE

LES DARDANELLES

Par Alain de PENENNRUN

CORRESPONDANT DE GUERRE DE "L'ILLUSTRATION"

C'était le jour du Vendredi-Saint, Georges Rémond venait de me quitter pendant la nuit, allant à Tchataldja, où quelques coups de canon assourdis avaient réveillé notre attention depuis longtemps assoupie. Je me préparais à l'aller rejoindre afin de passer en sa compagnie et celle de cent mille Turcs le jour de Pâques, quand je fis la rencontre de Fethi bey.

C'était chez Djemal bey, l'héroïque soldat dont Rémond a si bien décrit l'âme fière et intrépide, « le cœur invaincu » au milieu de la défaite. J'allai donc lui rendre visite, éprouvant toujours l'invincible attirance que cet homme vraiment supérieur exerçait sur moi et heureux une fois de plus de causer avec lui de la guerre, des heures émouvantes du passé, des espérances de l'avenir.

« Voici Fethi bey », me dit Djemal, et, se tournant vers ce dernier : « Je vous présente Alain de Penennrun, un des officiers de cette belle armée française que vous aimez tant, mon cher ami, et dont vous m'avez tant parlé depuis votre séjour à Paris. »

Commencée sur ce ton, la conversation, toujours très cordiale, ne pouvait évidemment que le devenir plus encore. Fethi bey, ancien attaché militaire ottoman en France, était à Boulaïr depuis la reprise des hostilités. Il y remplissait les fonctions de chef d'état-major du commandant en chef de l'armée des Dardanelles, Fakri pacha. Froid, calme, je retrouvais vite en lui, au milieu des propos échangés, les traces de cette énergie inlassable dont Rémond m'avait si souvent parlé et qui place la renommée de Fethi sur le même pied que celle d'Enver dans l'histoire glorieuse de la défense de la Tripolitaine et de la Cyrénaïque.

« Pourquoi ne viendriez-vous pas avec moi, me dit-il soudain ; je retourne à Boulaïr dimanche. Si le cœur vous en dit, je vous enlève. » J'acceptai d'enthousiasme. Quelle aubaine, pensai-je, de pouvoir prendre pied dans la Chersonèse et de tenter d'y voir enfin quelque chose, ce que personne n'avait réussi jusque-là. Il semblait que la presqu'île de Gallipoli fût un asile inviolé où nul reporter, nul témoin ne dût mettre le pied. Et, dans le fait, pendant toute la durée des hostilités, je fus absolument le seul étranger qui ait pu se rendre sur la ligne de défense barrant vers le nord, du fort Napoléon au fort Victoria, l'entrée de l'isthme de Boulaïr.

Tout cela passa comme un éclair dans ma pensée et, sans plus réfléchir aux risques à courir et à la crainte d'abandonner Tchataldja, où une autre bataille demeurait imminente, je quittais Fethi bey pour hâtivement faire quelques préparatifs indispensables.

Le surlendemain, par une mer idéale, à 11 heures du soir, nous quittions Stamboul et les quais de Sirkedji. Derrière nous la Corne d'Or miroitait de mille feux aux reflets de saphir et d'émeraude... Pas une ride... pas un bruit sur la mer calme. Longtemps je restai accoudé sur la dunette regardant s'éloigner la pointe du Séraï et le phare blanc qui indique l'entrée du Bosphore. A notre droite défilaient maintenant très lentement les hauteurs qui dominent le Kara-Sou et le Bujuk-Tchekmédjé. Je prêtais l'oreille, essayant, au milieu du bruit des machines, de percevoir un grondement de canon, un indice, une détonation. Mais tout demeurait silencieux, nulle lueur ne trahissait sur le rivage la présence et les camps de plusieurs centaines de mille hommes prêts à se combattre et que pourtant je savais être là... Rien, pas un feu, pas un éclair... absolument rien, le silence et la nuit... Et voici des mois et des mois que ceci durait sans qu'un progrès fût marqué de part et d'autre. Cela aurait-il une fin ? Nous étions en Orient et le temps valait peu pour ceux qui nous entouraient. Cependant, ils s'épuisaient ; les escarmouches incessantes continuaient et causaient des pertes ; la maladie, le choléra plus ou moins devenu endémique n'étaient pas non plus sans éprouver les armées belligérantes. On était las de ce piétinement sur place, de cette inobservance des préceptes de guerre qui commandent d'agir vite et de frapper fort... Le temps était redevenu magnifique, avril approchait... L'on avait cependant bien promis qu'aux premiers beaux jours les attaques et les mouvements préparatoires nécessaires allaient s'effectuer... Mais non, on ne bougeait pas... ; visiblement l'on ne voulait plus se battre, et, en face, les Bulgares, sans doute, ne le voulaient pas davantage, se bornant à la couverture du siège d'Andrinople et attendant que celle-ci tombât sous le feu, la famine ou par l'assaut. Là seule était concentrée l'activité guerrière des deux peuples ennemis et là seulement il nous était impossible d'aller.

Le lendemain le jour était déjà haut quand, montant sur la passerelle, je rencontrai Fethi bey examinant mélancoliquement la côte que dominait une chaîne curieusement découpée de hauteurs et de collines dénudées. A notre gauche l'île Marmara clôturait l'horizon et, plus loin, dans un ciel limpide, étincelaient aux rayons du soleil les neiges de l'Olympe et des monts d'Ismidt. Fethi bey tendit le bras... « Voici Charkeuï, me dit-il, et là-bas Examili, Dohan-Aslan et la colline 256 que tous connaissent bien à Boulaïr et que nous appelons la « colline pointue ». C'est là-haut que sont les avant-postes bulgares ; c'est là où, une fois de plus, le désordre, la confusion, le manque d'organisation ont amené la défaite..., mais jamais, vous entendez, jamais le manque de courage... ; et cependant, s'ils avaient voulu avancer ce soir-là, nous étions bien perdus. Aujourd'hui,

vous le verrez, car je vous emmènerai là-bas, il en serait autrement ; mais en février, à Boulaïr, nous n'étions pas plus prêts qu'en octobre à Kirk-Kilissé...

Gallipoli montrait ses toits pointus, ses minarets enfoncés dans un creux de verdure, son konak entouré de beaux arbres sur un rocher qui surplombait la ville. Nous débarquâmes bientôt et tout de suite ce furent les présentations à Fakri pacha et aux principaux officiers de l'Etat-Major.

Fakri pacha me parut ne le céder en rien, dans son accueil d'une courtoisie raffinée, à l'amabilité qui, inlassablement, m'était toujours témoignée chaque fois que je fus mis en rapport avec les officiers turcs. C'étaient de vrais gentilshommes incapables d'une mesquinerie ou d'une impolitesse ; — ces grands seigneurs affables étaient pourtant de détestables généraux. Ils ne savaient point grincer des dents, ni parler de haine comme les autres, ceux de Charkeuï, de Lule-Bourgas et d'Ermenikeuï, les loups maigres de la Thrace vainqueurs des placides bergers que l'Islam y avait laissés.

Après quelques jours d'attente, je pus enfin partir pour le front et, nonobstant le manque actuel à peu près de combats, reconstituer ceux du passé et en particulier des pénibles journées des 7, 8 et 9 février 1913.

Dès le début de la reprise des hostilités, les Turcs tentèrent un effort offensif à Tchataldja et à Boulaïr. A dire vrai, ils s'y trouvaient en quelque sorte contraints, à la suite de la rupture des pourparlers.

Des deux entreprises simultanément commencées, celle de beaucoup la plus importante fut l'opération qui s'est déroulée autour des Dardanelles.

Au commencement de février, la situation y était la suivante : les Turcs, repliés au sud de la rivière de Kavak, disposaient, dans la presqu'île de Gallipoli, de deux divisions, la 27e division ou division d'Alep et une division combinée, renforcées d'éléments de provenance et de valeur diverses. En face d'eux, une IVe armée bulgare venait de seconstituer formée des 2e, 7e et 12e divisions, cette dernière comprenant les Macédoniens irréguliers hâtivement encadrés et armés au début de la guerre.

D'autre part, l'intention des Turcs était à ce moment d'utiliser un certain nombre de divisions demeurées disponibles jusqu'alors en Asie Mineure et que l'on avait rassemblées à Ismid et à Panderma. La majeure partie de ces troupes appartenait au Xe corps d'Erzeroum, dont le chef d'état-major, pour ne pas dire le chef véritable, était Enver bey, qui brûlait de se signaler par quelque exploit retentissant.

Le plan général ottoman, arrêté au début de février, consistait à attaquer à la fois les Bulgares à Tchataldja et à Boulaïr dans le but suprême de délivrer Andrinople. L'opération de Boulaïr devait elle-même se subdiviser en deux attaques combinées des forces de Gallipoli et du Xe corps préalablement débarqué à Charkeuï.

Pareille manœuvre est presque toujours irréalisable, car il est extrêmement délicat d'assurer la concordance exacte des divers mouvements dont le succès dépend.

Le moindre incident peut suffire à faire échouer des attaques qu'il est difficile d'exécuter simultanément au même instant sur deux points différents. Ce fut d'ailleurs ce qui arriva.

Le lundi 3 février, à la chute du jour, les hostilités recommencèrent. Dès le lendemain, la 7e division bulgare franchissait le Kavak-Suju, bien que le pont entre Kadikeuï et Kavak eût été détruit. En même temps, la division macédonienne descendait sur Charkeuï, où elle jetait un bataillon dans le village. Les Turcs, pour mieux masquer leurs intentions ultérieures, se retirèrent alors sur leurs positions fortifiées, en avant de Boulaïr, attendant, d'autre part, l'arrivée du Xe corps, dirigé par voie de mer d'Ismidt sur Charkeuï.

Les Bulgares poussèrent, le 6 février, jusque vers la hauteur 256 et occupèrent dans ses environs les deux fermes de *Kuru-Tchiflik* et de *Dohan-Aslan* avec deux de leurs régiments, le 13e et le 14e d'infanterie en première ligne, le reste de la 7e division demeurant échelonné en arrière vers *Kavak* et *Kadikeuï*.

Le 7 février, Hourchid pacha, qui devait diriger l'ensemble des opérations, prescrivit à Fakri pacha, chef de l'armée de Boulaïr, d'attaquer les Bulgares. En même temps, le Xe corps, apparaissant devant Charkeuï, devait commencer à y débarquer immédiatement. Ces deux opérations, qui devaient s'effectuer ensemble, par suite d'événements divers que nous étudierons plus loin, furent séparées par plus de vingt-quatre heures d'intervalle.

Fakri pacha disposait de la division d'Alep, déployée entre le fort du Sultan Hamid et la mer de Marmara, et de la division dite « division combinée », formée en majeure partie des volontaires lazes et géorgiens. L'ordre d'attaque fixait à chacun de ces éléments son objectif particulier : pour la division d'Alep, c'était la ferme de *Dohan-Aslan*; pour la division combinée, la ferme de *Kuru-Tchiflik* et la hauteur 256, dite aussi « colline pointue ».

Les troupes ottomanes s'ébranlèrent à 6 heures du matin et attaquèrent avec une réelle vigueur les 13e et 14e régiments bulgares retranchés de part et d'autre de la « colline pointue ». A l'exception de ce dernier point, les Bulgares furent rejetés partout et, à midi, *Kuru-Tchiflik* était occupée par les Turcs. *Dohan-Aslan*, sérieusement menacée, allait tomber entre leurs mains. Mais l'énergique résistance de l'avant-ligne bulgare avait permis au reste de la 7e division d'accourir. Une brigade renforça les 13e et 14e régiments; de l'artillerie fut amenée sur la « colline pointue »; les défenseurs de la ferme de *Dohan-Aslan* furent dégagés. C'est à ce moment qu'un épais brouillard s'étendit sur le champ de bataille, couvrant tout d'une nuée extrêmement épaisse, impénétrable au regard. Les Turcs, cependant, continuaient à s'avancer bravement entre la « colline pointue » et *Dohan-Aslan* quand, subitement, un régiment bulgare tout entier, jusque-là maintenu en réserve, déboucha baïonnette au canon et rejeta vigoureusement la division d'Alep en arrière, en lui faisant éprouver de graves pertes. Un flottement commença à gagner les lignes ottomanes. Pour comble, le brouillard se dissipant à ce moment, la division d'Alep fut canonnée par un bâtiment turc, le *Torgout-Reïs*, qui l'avait prise pour une colonne ennemie. Ce

OFFICIER D'INFANTERIE BULGARE

dernier événement augmenta encore le désordre. A 3 heures du soir, l'offensive turque, définitivement brisée, refluait sur *Boulaïr*. Les premiers fuyards arrivèrent à la nuit à *Gallipoli*. Dans l'obscurité des coups de fusil furent échangés entre les bataillons à demi débandés de Fakri pacha, ajoutant encore à l'affolement, à la confusion et à la déroute.

Le moindre effort des Bulgares à ce moment aurait suffi pour les amener jusqu'à *Gallipoli* et à leur livrer la Chersonèse entière. Mais... là comme toujours... ils ne poursuivirent pas. Épuisement ou ordres préalables... toujours est-il que l'on peut assurer sans crainte, en se plaçant à leur point de vue, qu'ils eurent tort de ne point le faire.

L'on peut également admettre qu'à ce moment le débarquement de *Charkeuï*, qui allait commencer seulement, leur causait un souci trop grave pour que le général Kovatchef, commandant la IVe armée, crût pouvoir risquer la 7e division plus avant dans la presqu'île.

Le Xe corps, en effet, arrivait enfin. Retardé par une suite d'ordres et de contre-ordres qui tantôt lui prescrivaient de débarquer à San Stéfano, tantôt à Rodosto, puis enfin à Charkeuï, il apparaissait vers 2 heures du soir, le 8 février, au large de ce dernier point. La flotte ottomane convoyant les trente bâtiments qui le transportaient, ouvrit le feu contre les retranchements que garnissaient les volontaires macédoniens de la 12e division. Ceux-ci s'évanouirent bientôt dans la montagne. Le débarquement commença aussitôt. Mais, contrarié par une mer extrêmement mauvaise, un temps brumeux et la pénurie des moyens de mise à terre, c'est tout au plus si, vers le soir, 3000 hommes de la 30e division purent être jetés dans Charkeuï.

La nuit se passa tranquillement sans que l'on fût inquiété par les Bulgares. On en profita d'ailleurs pour diriger sur Boulaïr, par voie de mer, un régiment et deux batteries afin de coopérer de ce côté à la défense des lignes fortifiées de la presqu'île en liaison avec les divisions de Fakri pacha qui, péniblement, essayaient de se reformer en arrière des forts. L'opération continua pendant toute la journée du 9. Le soir, à 3 heures, la 30e division en entier avait été débarquée.

Mais, depuis 8 heures du matin, les Bulgares attaquaient les premières fractions des Turcs. Celles-ci, établies en demi-cercle sur une ligne de hauteurs au delà de Charkeuï, se trouvaient d'ailleurs en excellente situation pour résister à l'offensive ennemie. Cette dernière, d'ailleurs, se réduisait à l'engagement d'une brigade macédonienne, appuyée par un des régiments de la 2e division. Une contre-attaque exécutée par un régiment turc produisit un certain effet, semble-t-il. Mais inutile effort, désormais ; la partie jouée à Charkeuï deux jours après celle de Boulaïr était fatalement vouée à un insuccès définitif. Un ordre télégraphique du généralissime turc Izzet pacha prescrivit de procéder au réembarquement des unités du Xe corps et de cesser toute offensive de ce côté. Enver bey, dit-on, hésita longtemps avant d'obéir. Les Bulgares, cependant, se firent un peu plus pressants lorsqu'ils s'aperçurent du mouvement de retraite ottoman : une deuxième contre-attaque, dirigée par Enver bey et exécutée dans la nuit, suffit à dégager la place. Le matin du 10 février, Charkeuï était évacué et la flotte des transports se repliait sur les Dardanelles, où elle se disloqua bientôt.

Les pertes des régiments de la 30e division dépassaient à peine 100 hommes tués ou blessés. Mais, par contre, celles subies à Boulaïr étaient infiniment plus fortes. Plus de 4.000 hommes étaient hors de combat dont 1380 tués, presque tous à l'arme blanche.

Pour le moment du moins, toute offensive ultérieure était impossible. Cependant les Bulgares, au lieu de pousser davantage et d'attaquer à fond les lignes encore mal organisées et mal défendues de Boulaïr, se bornèrent à s'installer fortement à *Dohan-Aslan* et sur la « colline pointue ».

Depuis cette suite sanglante de combats, aucun événement important ne s'est produi aux environs des Dardanelles. Et pourtant !... Les Turcs se sont évidemment retranchés. Deux lignes fortement organisées, munies de pièces de gros calibres, entourées de réseaux de fils de fer, s'étendent du golfe de Saros à la mer de Marmara. Mais si leur flanc droit est sérieusement appuyé par un stationnaire de la flotte turque, *Messoudieh, Torgout-Reïs*, qui s'y relève continuellement, le flanc gauche est exposé, par contre, au feu d'enfilade de la flotte hellénique.

Les Turcs ont environ 7 à 8 divisions, en majeure partie de rédifs, dans la presqu'île. Une autre division se trouve à Tchanakalé, surveillant la baie de Besika et la côte sud des Dardanelles. L'ensemble ne dépasse pas 60.000 hommes.

Quant aux défenses mêmes du détroit, elles se réduisent à un système assez bien disposé de batteries, en grande partie armées de canons longs de 150 %. A peine quelques pièces sont-elles d'un calibre supérieur. Deux lignes de torpilles complètent le barrage devant lequel hésite depuis des mois l'escadre grecque.

En réalité, l'on ne sait trop s'il faut s'étonner de la puérilité de la défense, dont l'état matériel est assez misérable et le moral des troupes à peu près nul, ou de la mollesse d'un assaillant qui, muni de contre-torpilleurs rapides, d'un sous-marin excellent et de navires de ligne suffisants, n'ose se jeter dans la passe et forcer l'entrée de la Marmara.

Tous les jours, deux convois importants de cargoboats et de steamers des différentes nations de l'Europe franchissent les Dardanelles. Tous les commandants de navires grecs ne devraient-ils pas avoir fait vingt fois déjà le voyage et connaître la route à suivre mieux que les pilotes ottomans eux-mêmes ! « Le sous-marin des Grecs, disait récemment un de nos officiers de marine, devrait s'offrir tous les jours un cuirassé turc avant le déjeuner. »

Et, en effet, la flotte est mouillée à Nakhara, immobile la plupart du temps... Mais non, rien !... De part et d'autre tout semble sommeiller. Cette guerre, en dépit de ce qu'on a pu croire ou écrire, en dépit même de Lülé-Bourgas, de Kirk-Kilissé et d'Andrinople, n'est que la lutte de deux ignorances. Au moral le plus fortement trempé, la victoire !... mais une recherche d'enseignements, d'aperçus instructifs, de progrès militaires enfin, il est inutile de songer à les y trouver. Il n'y a rien que des confirmations ou des regrets.

KIRK-KILISSÉ. — LA RECHERCHE DES BLESSÉS

SEPT MOIS DE CAMPAGNE AVEC LES TURCS

PAR GEORGES RÉMOND

CORRESPONDANT DE GUERRE DU " TEMPS "

A LA MÉMOIRE
de mon cher camarade de Derma et de Hademkeuï, le capitaine Rechid Fuad bey, barbarement massacré par les Bulgares devant Andrinople.

LE RETOUR VERS L'ASIE. — LES CAUSES DE LA DÉFAITE. — LES CHARNIERS DE TCHATALDJA. — LE COUP D'ÉTAT. — COSMOPOLIS. — LA TURQUIE PEUT-ELLE RESSUSCITER ?

Une photographie de l'*Illustration*, datée de la première semaine de la guerre, montre une femme en robe sombre, retroussée sur les jambes nues et lourde de pluie, qui serre contre sa poitrine un enfant à type mongol, roulé dans une couverture piquée à petites fleurs ; elle est longue et osseuse, semblable à un animal pourchassé et dont la faim a fait fondre la chair. Ses yeux trop grands ouverts regardent si l'ennemi n'est pas là, prêt à bondir, prêt à tuer. Elle fuit devant lui ; mais n'est-il pas partout, ne va-t-il pas surgir soudain ? La roue énorme, taillée à la hache, d'un char ancestral, primitif, la précède, qui, enfonçant dans la boue, soulève celle-ci, l'emporte comme une croûte à son cercle et ne s'en peut dépêtrer.

Autour de cette silhouette noire un paysage s'étend, où la terre et le ciel sont également liquides, gris et sans forme. Misère, fuite, défaite, il semble que cette figure et ce qui l'entoure expriment quelque chose de plus tragique et de moins particulier que ces mots, comme une image de la destinée humaine sans cesse poursuivie, sans cesse menacée, imaginée par quelque peintre du désespoir !

Cette image, ce fut la première que, le 24 octobre, à neuf heures du matin, débarqués à Seidler et nous rendant à Kirk-Kilissé, nous vîmes de la guerre et qui nous barra la route. Je ne l'oublierai de ma vie ! La femme passa, regardant de côté ces roumis en chapeaux, en costumes ridicules, braquant sur elle des appareils photographiques, inquiète, étreignant son enfant. Et derrière elle d'autres figures semblables ne cessèrent plus de défiler. Il en venait de tout l'immense horizon, sortant de la brume et de la pluie, par les pistes, par les chemins défoncés, par les chaussées indiscernables sous l'eau qui recouvrait la campagne, par les routes inondées, par la voie du chemin de fer, interminables théories, hommes, femmes, enfants, vieillards, troupeaux, chariots où tout le mobilier dérisoire, toutes les hardes sordides avaient été empilés, suivant le pas tranquille des gamouses, allant ils ne savaient où, quelque part sur la terre d'Allah, retournant, après quatre siècles et demi, aux lieux d'où ils étaient venus. De ci, de là, des chiens, aussi intéressés que nous et pour un motif plus direct, les regardaient passer, l'œil enflammé, la langue rouge, pendant hors de la gueule, supputant combien d'heures il faudrait à ces pauvres corps, tirés en bas par la boue, frappés d'en haut par la pluie, lassés de faim, de fatigue, de désespoir, à qui leur tête seule persuadait de poursuivre et qui semblaient l'accompagner de si mauvaise grâce, pour se coucher le long du chemin. Les côtes leur saillaient et sous le poil ruisselant on eût compté chaque nœud de l'épine dorsale tendue en arc. Ils avaient faim eux aussi, mais je les ai revus, un mois plus tard, si gavés que le ventre leur pendait entre les pattes et qu'ils crevaient, à qui mieux mieux, dans la campagne, à côté de leurs festins empoisonnés.

Nous tendions l'oreille, vainement écoutant s'il ne nous venait pas quelque bruit de bataille, un écho assourdi du canon ? mais rien ! De quel lieu de défaite et de carnage ces hordes misérables s'enfuyaient-elles ? Bientôt les premiers soldats se mêlèrent aux paysans, loqueteux, couverts de boue, faces marquées par la panique. Le défilé continua

A TRAVERS LES PLAINES INFINIES ET BOUEUSES DE LA THRACE, LES BLESSÉS REVIENNENT VERS DES AMBULANCES LOINTAINES

dans la nuit, toujours sous la pluie, plus sinistre, hommes, femmes se cramponnant les uns aux autres pour ne pas se perdre, pour ne pas être séparés, s'appelant, criant de peur, pressentant derrière eux je ne sais quoi d'effrayant qui les menaçait, qui courait sur leurs pas, quelque chose de tout proche et d'épouvantable, semblable à ces formes sans nom qui menacent les enfants dans l'obscurité.

Puis, sur la voie ferrée, des trains s'entassèrent les uns derrière les autres contre l'obstacle de quelques wagons déraillés, compartiments, toits, marchepieds et jusqu'aux locomotives et à leurs cheminées bondés, recouverts d'une fourmilière humaine.

Le flot de la déroute nous emporta d'un coup à quarante kilomètres en arrière.

Tous les jours suivants il continua de s'écouler vers Stamboul. La province d'Andrinople se vidait. Passant dans les villages non encore incendiés et où les habitants étaient demeurés, les émigrants imploraient pitié ou menaçaient tour à tour ; les femmes tendaient leurs enfants au bout de leurs bras, disant : « Prenez-les, prenez nos enfants, nous ne pouvons plus les nourrir, nous n'avons plus la force de les porter ». Des paniques soudaines au cri de : « Voilà les Bulgares, fuyez, sauve qui peut ! » éclataient ; cette foule se mettait à courir et à se bousculer, abandonnant les enfants. Il arriva que des bandes de cavaliers irréguliers les ramassassent au passage et les rapportassent suspendus par grappes à l'arçon de leurs selles.

Le 30 et le 31 octobre, à peu près au même point, un semblable torrent de déroute nous emporta de nouveau, comme nous marchions au canon. L'armée d'Abdullah pacha, battue devant Lulé-Bourgas, mourant de faim, épuisée, fuyait devant les Bulgares ; et, le 2 novembre, avançant encore une fois vers le front, nous nous heurtâmes aux débris de celle de Mahmoud Mouktar qui, rompue devant Viza, après cinq jours de résistance héroïque de la part de troupes si mal organisées, si peu préparées, si peu commandées et battues quelques jours auparavant, refluait elle aussi, en complet désordre, sur Constantinople.

Cette fois tout semblait bien fini ; plus rien ne résistait. La Turquie d'Europe était livrée sans défense à l'envahisseur ; moins de deux semaines avaient suffi pour lui en assurer la possession. Il n'avait plus devant lui qu'une cohue désordonnée, montrant le dos, au milieu de laquelle sa cavalerie eût passé sans coup férir comme à travers un troupeau et qu'elle eût devancée à Constantinople. Mais, soit qu'ils fussent épuisés, soit qu'ils doutassent eux-mêmes de leur succès, les Bulgares ne poursuivaient pas.

En arrière, à Tchataldja, nulle défense organisée, si ce n'est quelques mauvais ouvrages très anciens et à peine entretenus. Personne, hors quelques officiers qui nous regardaient passer. De ci, de là on creusait hâtivement, non point des tranchées, mais des fosses où enterrer ceux qui, blessés ou malades, étaient morts dans les trains et qu'on retirait des wagons, de dessous les vivants empilés sur eux, ou qu'on descendait des toits.

Et des centaines de milliers d'hommes, toute la population de la Thrace vinrent s'entasser dans les grands cimetières qui entourent Constantinople. On eût dit, à voir cette foule campée parmi les tombes, que les morts en fussent sortis pour écouter si le bruit lointain du canon n'annonçait point l'arrivée de l'armée chrétienne, leur donnant le signal de passer la mer pour retrouver en Asie une sépulture en terre musulmane et non souillée.

Foule silencieuse, en effet, presque à l'égal de celle des morts, inoffensive, au milieu de laquelle j'errai de jour et de nuit avec la seule garde d'un domestique juif d'une lâcheté éprouvée, sans que jamais une main se levât pour saisir la bride de mon cheval, attristée, certes, et misérable au delà de toute expression, mais non à la façon d'une foule européenne. L'instinct nomade qui est au fond de l'âme musulmane éclatait là. Ces gens n'étaient point d'une race d'hommes bâtisseurs de cités, attachés à une demeure et à un sol. Hors la souffrance directe de la faim et du froid, ces fils de voyageurs refaisaient en sens inverse l'antique route parcourue sans trop éprouver le poids de l'exil ni le regret de la Patrie : la terre d'Allah est si vaste, et vivre et mourir ici ou là, qu'importe, après tout !

***

Ainsi ces soldats turcs, les premiers du monde, disait-on auparavant, fils de ceux de Plevna et de Chipka, de ceux que nos officiers avaient vus combattre si vaillamment devant Sébastopol, venaient d'être battus sur tous les champs de bataille, chassés, en moins de quinze jours, par la jeune armée bulgare.

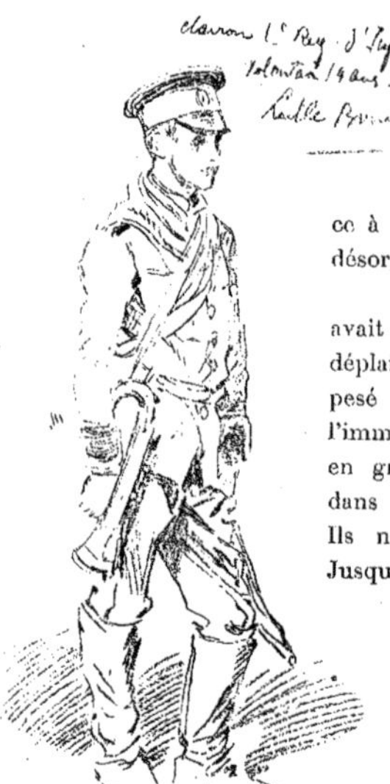

Quel miracle était-ce là ? Il n'y avait nul miracle ; pris individuellement, le soldat turc valait celui d'autrefois : mêmes qualités de discipline, de courage, d'endurance, de ténacité ; mêmes défauts, apathie et lourdeur. Tout le mal était venu d'en haut. Les considérations de Mahmoud Mouktar pacha, commandant de la IIe armée de l'Est, à ce sujet, dans son livre sur la campagne, les récits que me fit le colonel Djemal bey, ce à quoi j'ai assisté m'ont fait apercevoir clairement les causes de la désorganisation et de la défaite turques.

Un mois avant la guerre, sous la pression de l'Europe, la classe avait été renvoyée dans ses foyers. On peut dire que la crainte de déplaire aux Puissances a, durant ces dernières années, constamment pesé sur la Turquie et l'a paralysée. Lorsqu'on ne put plus douter de l'imminence de la guerre, on rappela, on habilla, on arma, on amalgama en grande hâte tout ce qu'on put trouver de soldats, vieux et jeunes, dans les provinces d'Europe et d'Asie, et on les envoya vers la frontière. Ils ne connaissaient pas leurs chefs et étaient ignorés de ceux-ci. Jusqu'à six et huit cents hommes par régiment n'avaient jamais tenu un fusil. Les cadres, officiers subalternes et sous-officiers, manquaient ; les officiers supérieurs avaient été plus souvent choisis en raison de leurs opinions politiques que de leur mérite militaire ; ils n'avaient aucun contact avec leurs troupes, commandaient à des unités fictives qui n'existèrent jamais de toute la durée de la campagne et se contentaient le plus souvent de pousser devant eux les fractions éparses rencontrées au hasard de la route ou du combat. Ajoutez à ceci les haines politiques, l'influence de certaines sottises humanitaires, qui prévalaient dans la tête des grands chefs et dont on retrouve l'écho jusque dans les ordres du jour de Nazim pacha, l'abaissement de la foi religieuse chez les soldats, laquelle est le grand ressort de l'âme musulmane, la présence, parmi eux, d'éléments chrétiens qui, s'ils ne furent pas une cause directe de trouble, ajoutèrent à la faiblesse et à la désunion morale de cette armée ; d'autre part, intendance, services de ravitaillements, services techniques, hôpitaux de campagne, tout manquait ; point de routes, de mauvais chemins de fer entre les mains d'employés grecs ou arméniens de fidélité douteuse, nulle liaison entre les états-majors : c'est dans ces conditions, et avant toute concentration sérieuse, que le haut commandement donna l'ordre de prendre l'offensive. La panique de Kirk-Kilissé s'ensuivit mathématiquement, qui décida de tout le reste.

Il peut sembler incroyable qu'après une telle déroute et au milieu de semblable confusion cette armée, vaincue presque sans combat, ait pu se reformer en quelques jours et faire une si honorable résistance à Lulé-Bourgas et à Viza. Tout l'honneur en doit être rapporté à la valeur du soldat turc et au mérite personnel d'officiers tels que Mahmoud pacha, Tchourouk Soulou, tels que Hassan Izzet pacha et Djemal bey qui, le 29 et le 30 octobre, à l'aile droite, battirent l'ennemi, lui enlevant les positions de Tchongara et de Doghanja, que Mahmoud Mouktar pacha, dont le courage et la ténacité retinrent durant cinq jours les Bulgares devant Viza.

Le gouvernement avait tout perdu, mais quelques braves avaient au moins sauvé l'honneur.

***

C'est à ces lignes de Tchataldja, que nous venions de voir sans défense, par-dessus lesquelles les Bulgares croyaient passer d'un seul élan qui les porterait jusqu'à Sainte-Sophie, que vint cependant se briser leur effort. Ils étaient maintenant si persuadés du succès qu'ils ne se pressaient pas, si sûrs d'eux-mêmes qu'oubliant leur défiance à l'égard des correspondants de guerre, ils les installèrent au haut d'Akalan, sur un magnifique belvédère, d'où l'on découvrait, de la Marmara à la mer Noire, tout le panorama de la bataille, et que ceux-ci écrivaient à leurs journaux, du quartier général d'Erménikeuï, que leurs prochaines correspondances seraient datées des rives du Bosphore.

Du côté turc on avait à peu près perdu l'espoir. M. Stéphane Lauzanne a raconté l'affolement des ministres à la veille de ces journées décisives. Le colonel Djemal bey m'a dit l'angoisse qui étreignait ses camarades et lui, durant la retraite de Viza, au spectacle d'une armée en décomposition qu'ils essayaient avec tant de peine de reconstituer. Les Bulgares leur en laisseraient-ils le temps ?

Pouvait-on compter sur des troupes deux fois vaincues et qui semblaient complètement démoralisées ?

A Constantinople, parmi les étrangers, nul ne doutait que les Turcs fussent de nouveau battus. Beaucoup, redoutant de voir refluer sur la ville l'armée vaincue pêle-mêle avec les premières têtes de colonnes bulgares et l'effroyable confusion qui s'ensuivrait, s'embarquaient à bord des paquebots en partance ; d'autres, plus curieux, sollicitaient déjà de leurs consuls une carte pour la première messe à Sainte-Sophie. Le 17, au soir, comme la canonnade ne s'était pas tue de toute la journée, j'entendis dans une ambassade un très haut personnage déclarer : « Messieurs, les Bulgares seront ici demain matin ». Et, le 18, avant le petit jour, je vis les troupes internationales, débarquant des cuirassés ancrés dans le Bosphore, occuper les divers quartiers de Stamboul, de Galata et de Péra.

Or, contrairement à ce que tous pensaient et dès le 19, il fut clair que les Bulgares avaient perdu le souffle et qu'ils devaient renoncer, pour cette fois, même à apercevoir les minarets de Sainte-Sophie ou la mosquée de Soliman. La lutte se traîna, désormais, en une inutile et presque inoffensive canonnade. Derrière les tranchées de Hademkeuï les soldats vaincus de Kirk-Kilissé, de Lulé-Bourgas et de Viza s'étaient montrés inébranlables. Le vieil Islam, menacé dans son dernier rempart, avait fait ce miracle.

Pourtant, contre ces soldats, que d'ennemis ne s'étaient pas conjurés ? Aux Bulgares, à la faim, à la pluie, à la boue, un autre plus terrible venait de se joindre. Dès le 8 novembre le choléra abattait les hommes dans les tranchées plus sûrement que le canon ou les balles. Durant les jours mêmes de la bataille le nombre de ses victimes atteignit quotidiennement de douze à quinze cents. Interminablement les morts, traînés dans les chariots, empilés par dix et douze les uns sur les autres, les mourants étendus de tout leur long sur le dos d'un cheval ou d'un mulet ou portés sur les épaules d'un camarade, revenaient des avant-postes vers Hademkeuï ; d'autres succombaient partout le long des chemins, bleuis, contorsionnés, raidis par le mal. Des convois de ces cadavres putréfiés, de ces loques vidées s'en allaient vers San Stefano. Tantôt on les laissait sans les ensevelir, tantôt on enterrait pêle-mêle morts et mourants ; des chiens guettaient les agonisants et parfois commençaient à les dévorer avant l'heure. Des quatre coins de l'horizon les corbeaux accouraient ; les arbres mis à nu par l'hiver en étaient surchargés. Les morts bulgares et turcs, victimes de la guerre, s'ajoutant à ceux que le fléau avait abattus, la campagne de Thrace ne fut bientôt plus, de San Stefano à Tchataldja, qu'un charnier épouvantable.

Mais j'ai trop décrit un tel spectacle. A le faire revivre devant ses yeux, on éprouvait ensuite comme une sorte d'angoisse et on passait sa main sur son front pour en chasser cette vision effrayante. Aujourd'hui il me semblerait, en me le rappelant, que je m'exagère ce que j'ai vu, si je n'en avais les photographies là encore, devant moi.

Et la faim se faisait toujours sentir. A quarante kilomètres de Constantinople, à peine si le service des ravitaillements s'était amélioré. Le 12, le 13, le 14 novembre, en compagnie des officiers de la division de cavalerie indépendante, nous n'avions à manger qu'un peu de riz, des épis de maïs dont nous picorions les graines comme des poules, et quelques gousses d'ail dont nous nous bourrions, faute de mieux, dans l'espoir de nous préserver du choléra. Nous couchions par terre dans une baraque de paysans d'où l'on venait d'enlever des cadavres, et le médecin-major du régiment nous disait, avec un sourire

PRISONNIERS TURCS A LA GARE DE GORNOREAHOVITZA

demi-ironique : « Allez, dormez sans crainte, j'avais encore un gramme de sublimé que j'ai employé à désinfecter la maison ». « La maison ! » Ce major avait le style emphatique...

Cependant, malgré tout, l'armée s'était refaite. Nous avions maintenant sous les yeux une force organisée. Les Bulgares cédaient. Si loin de leur base de ravitaillement, ils souffraient plus que les Turcs. Si la paix était nécessaire, ceux-ci pouvaient marquer leurs avantages, exiger des conditions honorables. Aussi quelle ne fut pas notre stupéfaction, à mon confrère Paul Erio et à moi, lorsque, dans la nuit du mardi 3 décembre, voyant revenir Nazim pacha de Bakchaïchkeuï, où il avait rencontré le général Savoff et les délégués bulgares, nous apprîmes qu'un armistice désastreux avait été signé sans même que fût stipulé le ravitaillement d'Andrinople, tandis que les convois qui apportaient les vivres aux Bulgares passaient par cette place même : « Négociation sans exemple dans l'histoire, dit fort bien Mahmoud Mouktar pacha, et qui, après une victoire, livrait la Turquie, pieds et mains liés, à l'ennemi ».

***

Patientes, les deux armées se regardaient par-dessus les rives du Karasou, endurant le froid, la faim, la pluie, la neige, la boue, les maladies, creusant sous terre, pour s'abriter contre un ciel par trop inclément, de véritables cités de Troglodytes, sans révolte, sans un murmure. Quelle puissance d'abnégation gît au fond de l'âme des hommes les plus grossiers pour leur faire accepter de telles souffrances, non pas même glorieuses le plus souvent, en vue d'un but si différent de leurs intérêts particuliers. La guerre est une grande école d'idéalisme !

A Constantinople le gouvernement inclinait chaque jour un peu plus vers la paix, à n'importe quelles conditions. Il avait obtenu ce prodige de réaliser contre la Turquie l'unanimité des puissances européennes ; encore la Russie menaçait-elle d'intervenir personnellement si l'on ne se hâtait d'en finir. Le grand souci des ministres semblait être d'empêcher que se produisît un sursaut, sinon du patriotisme, au moins de la vieille foi musulmane qu'on avait vue l'année précédente en Afrique capable de produire des miracles. Je ne crois pas, comme certains l'ont dit, que ce fût lâcheté ou trahison ; personnellement des hommes comme Nazim et Kiamil pachas, comme Noradounghian effendi, étaient braves, généreux, patriotes et l'avaient montré, mais apathie, lassitude, terreur de l'Europe, désespoir, acceptation d'une inéluctable fatalité.

Les jeunes officiers que j'avais connus en Tripolitaine et que je rencontrais ici me disaient : « Est-il possible que nous capitulions ainsi, quand nous avons encore une armée, quand Andrinople ne s'est pas rendue ? C'est pis que d'avoir été vaincus, c'est perdre jusqu'à l'honneur ! »

Le 22 janvier un « Grand Divan », réunissant les personnages les plus illustres de l'empire, décidait, après avoir entendu les divers ministres, qu'il était impossible de continuer la guerre et qu'il fallait accepter les conditions de paix imposées par les Puissances.

Autour du palais impérial de Dolma-Bagtché, où se passait cette scène historique, non seulement pas un manifestant, mais pas un curieux ; indifférence complète à la paix comme à la guerre. Sur les figures des vieux généraux, des notables, nous lisions l'acceptation de la défaite. La cérémonie terminée, les uns priaient agenouillés du côté de l'Orient ; qu'importait, après tout ? Ils s'en remettaient à Dieu ! D'autres descendaient lentement les marches de l'escalier d'honneur. Les derniers, sortirent deux très vieux ulémas qui s'arrêtèrent sur l'une des marches pour échanger une prise de tabac. C'étaient là des personnages millénaires, se survivant à eux-mêmes, des figures d'un monde défunt, admirables, certes, de dignité et de noblesse, mais inadaptées à la vie moderne.

Tout cela sentait tellement la mort que, tout en saluant très respectueusement ces silhouettes du passé, nous ne pouvions nous empêcher, nous autres journalistes, seuls curieux accourus, de nous dire : « Ah ! c'en est bien fini de la Turquie, aujourd'hui de la Turquie d'Europe, demain de la Turquie d'Asie. Eh quoi ! on n'entend plus même un battement au cœur de ce peuple ! »

Vingt-quatre heures après, Enver et Talaat beys, suivis de quelques partisans, pénétraient à la Sublime Porte, arrachant sa démission au grand-vizir Kiamil pacha et obtenant du Sultan la constitution d'un nouveau ministère de Défense nationale. Malheureusement le ministre de la Guerre, Nazim pacha, deux aides de camp, Nafiz bey et Tewfik Kibrizli, un camarade d'Enver, Moustapha Nedjib, et un agent de police tués dans la bagarre. Mais après une heure la révolution était terminée et l'ordre régnait dans Constantinople.

De nouveau tout était remis en question.

Nous fûmes à ce moment un bien petit nombre à approuver l'acte d'Enver bey. Cependant, aujourd'hui comme alors, il me semble que l'âme d'un citoyen et d'un soldat ne pouvait ne pas se révolter à voir ainsi livrer la patrie.

Il est infiniment probable que, le 23 janvier, Enver bey, Djemal, Talaat et les quelques douzaines d'hommes de bonne volonté qui les suivirent ont sauvé la Turquie d'Europe. Certes, les conséquences heureuses de leur acte ne se firent pas sentir aussitôt, et la situation en put même sembler empirée. Mais si la paix fût devenue définitive en février, et si Andrinople eût été, dès ce temps, livrée aux Bulgares, il est à peu près certain que, vu les difficultés de la saison hivernale, une nouvelle guerre n'eût pas éclaté entre les alliés de la veille et que les Turcs ne fussent jamais retournés à Andrinople.

Le devoir d'un soldat est de ne jamais désespérer et de ne jamais vouloir céder. L'événement a donné raison à Enver et au colonel Djemal bey lorsque celui-ci nous disait : « Quand bien même je serais à Bassorah avec quarante Turcs et les Bulgares maîtres de tout le reste du pays jusqu'à Bagdad, je réclamerais encore Andrinople ».

ARMÉE GRECQUE. — EVZONE

***

Et tandis que se déroulait ce grand drame de la guerre, Constantinople, indifférente ou railleuse, continuait de se réjouir, de danser, de célébrer le carnaval, parfois cependant traversée d'un frisson bref, comme si un convive indésiré, le spectre des massacres ou de l'épidémie, ainsi que dans un conte célèbre, eût traversé la fête.

De tous les spectacles auxquels j'aie assisté durant cet hiver de 1912-1913, celui-ci était sans doute le plus tragique : la ville capitale d'un grand empire, insoucieuse du sort de celui-ci, se félicitant au fond du cœur et presque ouvertement de ses défaites, surveillée par les cuirassés des Puissances, parcourue par des patrouilles de marins de toutes les nations du monde, conquise par l'étranger avant que de l'être par l'ennemi !

J'ai vu les soldats turcs blessés, sordides et sanglants, revenant des lignes de Tchataldja, monter la grande rue de Péra, frôlés par les masques de la Mi-Carême, passant au milieu des chansons et des rires insultants. J'ai entendu Grecs et Arméniens souhaiter tout haut, dans des lieux publics, sans se soucier même du voisinage des officiers, la fin de la Turquie et l'internationalisation de Constantinople. Cette internationalisation, elle était de droit, ajoutait-on, elle existait presque de fait, il ne restait qu'à l'enregistrer. Les Turcs étaient ici gens qu'on avait trop longtemps supportés et dont les derniers devaient décamper. Qu'en restait-il, d'ailleurs ? Il y avait bien encore dans les petites rues de Stamboul quelques bonshommes pittoresques, personnages pour romans exotiques ou pièces d'archéologie, bons à conserver pour l'amusement des touristes ; mais où trouver une société turque agissante, intelligente, moderne au bon sens du mot, digne de primer dans une grande ville et de dicter la loi dans l'empire ? A quoi bon la chercher ? Il n'y avait plus dans cette ville que des Levantins venus de tous les ports de la Méditerranée et des trafiquants accourus des quatre coins du monde. Je me rappelle que, me promenant en caïque sur la Corne d'Or en compagnie d'un camarade, soudain, comme le soleil se couchait, de tout l'horizon un immense cri monta : « Padischah tchok yasha ! » (longue vie au Padischah) ; c'étaient les recrues qui, des cours des casernes, envoyaient au Sultan leur salut et leur souhait quotidiens : cri puissant, voix émouvante, mais qui semblait un anachronisme en ce lieu. Mon camarade, nouveau venu, me regarda et me dit, l'air stupéfait :
« Tiens ! il y a donc encore des Turcs ici ! »

Grande leçon pour tous ! Dans son beau livre : *Au chevet de la Turquie,* notre confrère Stéphane Lauzanne en a montré toute la portée et particulièrement pour nous autres Français. Je pensais à tous ceux de nos compatriotes que séduisent les théories de l'internationalisme et j'eusse voulu les voir ici, assistant à ce spectacle d'un peuple qui n'est plus maître chez soi, qui s'abandonne et que dévorent les métèques.

Malheur aux peuples vaincus, mais surtout vaincus en pleine paix et qui ont cru pouvoir se décharger sur les étrangers du souci des intérêts matériels et de la conduite des affaires de leur pays pour s'abandonner à la douceur d'une rêverie et d'une nonchalance philosophiques !

*
* *

Tout, dans la guerre balkanique, est allé au rebours de ce qu'on attendait : défaite turque, victoires grecques, défaites bulgares, enfin retour des Turcs à Andrinople. Ceux-ci possèdent aujourd'hui en Thrace une armée de trois cent mille hommes exercée par un an de campagne, plus forte qu'ils n'en eurent jamais.

Quels événements nous réserve le prochain avenir ? Qui sait si nous ne reverrons pas, sauf quelques légères modifications, les choses retourner à l'état où elles se trouvaient avant octobre 1912 ?

Mais la Turquie est-elle capable de réorganisation ? Question syrienne, question arabe, question grecque, question arménienne, questions à l'infini, influences et menaces étrangères, comment débrouiller cet inextricable tissu de problèmes ? Possède-t-elle des hommes d'État, des chefs dignes de ce nom qui puissent y réussir et un peuple disposé à les écouter et à les suivre ? Beaucoup en doutent.

Cependant quiconque a vécu côte à côte avec les paysans turcs d'Anatolie ou de Roumélie et a éprouvé leurs qualités d'honnêteté, de discipline, de douceur, de courage au travail peut-il dire que ce peuple soit plus incapable d'ordre, de progrès, de civilisation qu'aucun autre ? Quant aux chefs, des hommes comme le généralissime Izzet pacha, comme Enver, comme Djemal, comme Fethi ont fait leurs preuves de soldats, d'organisateurs ou d'hommes politiques, et dans les pires circonstances. Je les ai connus de près et vus à l'œuvre, nuls ne m'ont paru en d'autres pays plus dignes de confiance.

Mais, dans cette œuvre de relèvement si difficile, si complexe, il faudrait que la Turquie fût aidée du dehors. Or il semble qu'un tel rôle appartienne à la France par intérêt, par tradition, par devoir civilisateur.

La nécessité s'en impose aux yeux de quiconque a parcouru le Levant, a trouvé partout nos écoles, nos missions, notre langue, nos mœurs, les traces de notre histoire, la marque des pas de nos soldats, de quiconque s'est entendu, dans les villages les plus reculés d'Asie Mineure ou de Mésopotamie, saluer en français par les enfants du peuple, a vu commerçants, ingénieurs, employés allemands contraints d'apprendre notre langue pour se faire comprendre, lu les journaux de langue allemande ou anglaise à demi rédigés en français pour trouver des lecteurs, enfin, s'est trouvé, lui Français, moins dépaysé dans une ville turque qu'à Turin ou qu'à Barcelone. L'abandon d'un tel patrimoine moral datant de neuf siècles serait, de notre part, un scandale.

D'autre part la Turquie n'a rien à redouter de la France et peut tout en attendre. Un passé séculaire et une prédisposition naturelle l'inclinent à accueillir notre influence, non pas seulement mieux que toute autre, mais presque à l'exclusion de toute autre. Durant la campagne de Thrace je pensais à ce qu'une mission d'officiers français eût pu faire avant la guerre pour l'armée turque et à ce qu'elle lui eût insufflé de flamme patriotique. Il en serait ainsi dans tous les autres domaines. Inspirée, secondée par nous, je ne doute pas que la Turquie soit capable de ressusciter. Les Français qui se consacreront à cette œuvre pourront se répéter le mot de Napoléon : « Je serai utile à mon pays, si je puis rendre la force des Turcs plus redoutable à l'Europe ».

Paris, le 1er octobre 1913.

ARMÉE GRECQUE. — CAVALIER

LA REVANCHE DE LA GRÈCE

OCTOBRE-DÉCEMBRE 1912

Par Jean LEUNE

CORRESPONDANT DE GUERRE DE "L'ILLUSTRATION"

Enfin ! La guerre est déclarée. La tache que le mépris de la vieille Europe faisait si noire aux épaules de la jeune Grèce, cette tache, enfin, va être effacée.

« Vive la guerre ! » Les hommes sont fous d'enthousiasme. Le matin, le prêtre du régiment a dit la messe devant tous ses « enfants ». Il a prié Dieu solennellement : « Aux fils de la vieille Hellade, accorde la victoire sur les barbares ». Il a béni le drapeau, dont la croix blanche sur fond bleu sera désormais pour tous le grand signe de ralliement, symbole de la Patrie terrestre : la Grèce, et de la Patrie divine : l'Eternité... Symbole encore de la Foi chrétienne marchant sus à l'Infidèle musulman pour lui reprendre d'injustes conquêtes. Il a prié pour ceux qui vont mourir...

Puis, du colonel au dernier soldat, tous ont communié, graves et joyeux en même temps...

La nuit tombe. Vers le nord, l'Olympe majestueux, impénétrable, mystérieux. La frontière court aux flancs de la montagne.

Sur les crêtes silencieuses, les postes turcs. L'ennemi est là, sans doute...

Les troupes, équipées et prêtes, attendent, en longues colonnes. Les hommes ont l'arme à la bretelle. Pas un mot. Pas un souffle. Un silence noir, poignant, terrible, le grand voile sombre sur l'inconnu de demain.

Au loin, de temps à autre, un aboiement de chien, qui fait tressaillir... Les cœurs battent bien fort. Les respirations sont haletantes, sourdes, retenues... Pas un mot... Les officiers vont et viennent. Les fers d'un cheval heurtent avec un bruit sec et font rouler quelques cailloux.

Et puis, tout à coup, un mot est lancé, à voix basse. Il court le long de la colonne... « Embros ! »... « En avant ! »... Le sort en est jeté. D'un même mouvement tous les corps se penchent en avant. Des armes s'entrechoquent. Vivement, les hommes font leurs trois signes de croix... A Dieu va ! Vers la mort, vers la gloire... Vers l'inconnu ; l'armée grecque se met en marche dans une sourde rumeur ouatée...

Par la route, par des sentiers, les soldats montent. Chacun tend anxieusement l'oreille. Le premier coup de feu n'a pas encore retenti... Où sont les Turcs ? Que font-ils ? Ne va-t-on pas tomber dans quelque embuscade géante ? Mais pourquoi n'entend-on pas encore la fusillade ? L'exagération et la peur sont filles de la nuit... Mais des deux, le soldat grec ne connaît point la seconde. Il a confiance en soi. Et puis, d'ailleurs, tous les officiers de la Mission française lui ont dit, ces jours derniers, qu'il pouvait envisager tranquillement l'avenir, car la victoire sourit toujours aux Braves...

La frontière... « La frontière *était* ici ! » Les hommes se signent... « Elle *était* ici ! » Avec une sorte de rage sourde, on répète, on reprend : « Elle *était* ici ! »...

Et tous frappent la terre du pied, comme pour en mieux reprendre possession... « A nous ! A nous ! Elle est à nous de nouveau, la terre ancestrale ! Et elle restera nôtre de toute façon, car il le faut ! Tous nos cadavres en feront une terre plus grecque que jamais, où l'herbe, les buissons, les forêts et les moissons auront notre sang grec pour sève ! »

Quelques coups de feu dans la nuit qui se meurt. Les cœurs battent plus fort, les mains serrent les armes, se crispent sur les culasses, tâtent machinalement les cartouchières... Oui, elles sont bien remplies... Et l'allure s'accentue. On va se battre ! vite ! vite ! On voudrait courir, sans savoir où... Se battre, tirer, tuer, mourir...

Mais les coups de feu ont cessé... Le calme renaît dans les rangs. La nuit se fait grise, transparente et fraîche.

La cime des montagnes paraît, légère, sur un ciel bleuté qui peu à peu s'éclaire. Les crêtes, que les Turcs ne gardaient pas, sont franchies. Les colonnes descendent maintenant vers la plaine d'Elassona.

Enfin, voici le jour. Il jaillit de derrière l'Olympe.

Et toute l'armée lance au ciel un grand cri ! « Vive la lumière ».

Elle met toute son âme, tout son enthousiasme, toutes ses espérances dans ce cri. L'avenir est à elle ! Car le premier obstacle est vaincu. La lumière a tué cette nuit décisive derrière l'armée grecque qui venait de la franchir sans encombre, ainsi que la montagne, ainsi que la frontière.

ELASSONA

Un petit village aux maisons basses. Quelques minarets blancs et pointus autour desquels croassent des centaines de corbeaux. Les Turcs ont fui après une première résistance acharnée.

Les Grecs avancent vers le village, leur première délivrance. L'arme à la main, les éclaireurs courent à travers champs, sautent haies et fossés, riant, chantant, clamant leur joie, agitant leurs képis, criant Zito !

Au-devant d'eux, des hommes, des femmes, des enfants, des vieillards diversement agiles, diversement rapides, mais tous fous d'une joie égale et sans pareille.

« Frères ! Frères ! Vous voilà donc ! Oh ! Dieu soit loué ! Nous sommes libres maintenant ! Vous nous avez délivrés. »

Les uns et les autres se signent. Tous pleurent. Les petits enfants battent des mains, car ils ont compris qu'un grand bonheur était au cœur de leurs parents. Des vieilles se jettent à genoux pour remercier Dieu.

On embrasse les soldats... Des femmes, à genoux, baisent le pan d'une tunique, la crosse froide d'un fusil, la botte maculée de boue d'un officier. Mais personne ne saurait plus crier ni parler. Car les larmes heureuses ont éteint toute voix aux gorges trop serrées d'émotion.

Avec les soldats, on rentre au village. Les hommes tiennent leurs libérateurs par le bras. Les femmes leur ont pris leurs sacs et les portent pour les alléger. Ils doivent être si fatigués ! Les enfants courent le long de la colonne, étonnés, admiratifs, heureux de parler dans leur langue avec ces frères vaillants qu'ils n'avaient jamais vus, mais dont on leur parlait si souvent à la maison, à voix basse.

Les troupes maintenant emplissent les rues. Tandis que les officiers groupent leurs hommes, font l'appel, les paysans sont rentrés dans leurs petites maisons. On fouille les coffres, on jette sur le sol battu tous les effets qu'on avait là cachés. « Ah ! Voilà ce qu'il nous faut ». Un crissement d'étoffes déchirées.

Sur un carré de linge blanc, on coud grossièrement en croix deux minces bandes arrachées à quelque robe plus ou moins bleue... un bâton, quelques clous, un peu de ficelle...

A toutes les fenêtres, voici des petits drapeaux grecs qui flottent tout d'un coup, improvisés tant bien que mal, infiniment émouvants dans leur grossièreté parce que faits avec un indicible amour, pressé de s'exprimer.

Sur la place, quelques petits cafés aux enseignes écrites en grec et en turc... Tandis que sa femme s'empresse à servir les soldats, le tenancier, devant sa porte, monte gauchement sur un tabouret boiteux. D'un coup de bâton, il jette à terre, dans un éclat de rire, l'enseigne d'hier. Puis, avec un

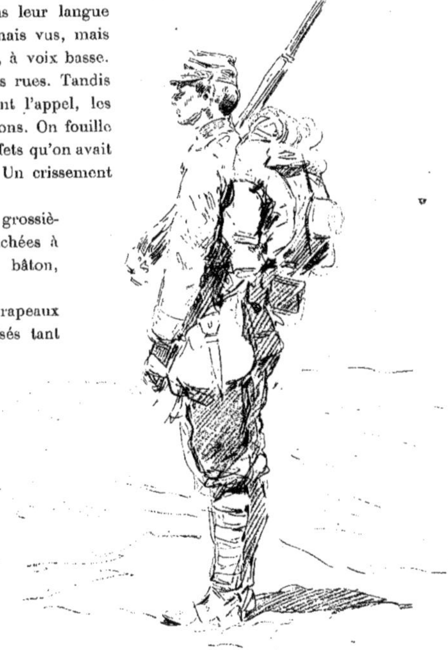

SOLDAT D'INFANTERIE HELLÉNIQUE

caillou blanc ramassé sur la route, il écrit en grosses lettres sur le mur : « Café du Diadoque » ou bien « Café Vénizélos » et en dessous : « Vive l'armée hellénique ! « Vive la liberté ! » Les soldats l'acclament et joyeusement le portent en triomphe. Lui, pleure...

La rosée chaude, douloureuse et sanglante que l'armée a laissée derrière elle par les sentiers et les champs, a déjà fécondé la terre délivrée : la liberté et la joie viennent d'en sortir à nouveau toutes frissonnantes.

SARANTA-PORON

Au nord de la plaine reconquise, une lourde et puissante barrière montagneuse ; les monts Cambouniens. Un seul passage : l'étroit et long défilé de Saranta-Poron, dont on voit au loin l'échancrure dans la muraille de roc sombre. Les Turcs se sont fortifiés au défilé. Et von der Goltz a déclaré que Saranta-Poron serait le « tombeau de l'armée grecque » si elle essayait jamais d'en forcer le passage. « Eh bien ! on essayera... et on passera ! »

L'entrée du défilé se précise de plus en plus derrière le voile gris d'une pluie fine et continue. La terre est détrempée. Les rides du sol forment de petits ruisseaux ; les fossés, de petits canaux... L'infanterie seule peut avancer à travers champs. L'artillerie doit suivre la route, et ne peut aller prendre position...

MILICIENS BULGARES

Les hommes sont gais parce que ne craignant pas la mort. Pourtant il est à prévoir que la bataille sera dure, meurtrière. Les Turcs ont de bonnes places. Ils ne les abandonneront pas facilement... Tant mieux. La victoire n'en sera que plus belle. La Revanche des défaites passées n'en sera que plus éclatante.

Pour beaucoup, cette bataille toute proche va être le baptême de feu.

L'anxiété cependant griffe moins les cœurs qu'en la première belle. La nuit de guerre ; à mesure que l'on avance, l'Inconnu, si énorme au début, s'effrite et diminue.

On marche avec précautions. D'un instant à l'autre, l'ennemi peut ouvrir le feu... Les éclaireurs, d'une touffe de buissons à une autre, avancent par bonds de félins, souples et nerveux.

Le terrain monte maintenant en pente douce vers l'entrée du défilé. Et cette montée, large de quelques centaines de mètres, va entre deux ravins à pic, pendant 7 kilomètres...

On avance... Les Turcs ne tirent toujours pas. Où sont-ils exactement ? Qui sait...

Tout à coup, une lueur brève, un éclair... là-bas, au loin... dans la verdure... un bourdonnement, un ronflement en spirale et puis, presque simultanément : deux détonations, l'une sourde et

VILLAGE TURC RUINÉ ET DÉTRUIT PAR LA GUERRE

prolongée, le bruit du coup de canon, roulant d'écho en écho; l'autre sèche, courte et brutale, suivie de multiples sifflements lugubres, l'éclatement de l'obus, projetant sur la troupe une grêle d'éclats meurtriers.

Instinctivement, toutes les têtes se sont baissées, courbées par le souffle de mort, comme les épis mûrs par la brise. Un instant les respirations se sont arrêtées. Puis on se regarde les uns les autres... Les Turcs avaient visé juste... A terre, baignés de sang, des camarades gisent... Les uns sont allongés, la figure dans l'herbe mouillée, les bras en croix, la main droite crispée encore sur le fusil. Mais l'épaule gauche a été broyée par un éclat. Ou bien le képi devenu rouge cache une bouillie sanglante... D'autres sont tombés, repliés sur eux-mêmes, ou encore sur le dos... Il en est de seulement blessés, une main coupée, un bras arraché, une jambe brisée... Et partout autour d'eux, du sang... du sang...

Au premier obus, d'autres ont succédé, semant la mort dans les rangs grecs, y faisant de larges et profondes trouées rouges.

Mais la vue des camarades tués ou blessés, agonisants ou mutilés a fait naître une fureur, une rage incroyables chez les survivants. Sans qu'aucun ordre ait été donné, tous ont fixé au canon de leurs mannlichers leur courte et terrible petite baïonnette.

« Embros, paidia ! En avant les enfants ! Embros ! Sti photia ! En avant ! « Dans le feu ! »

Ces deux cris courent sur toute la ligne, et la font vibrer d'enthousiasme. Les officiers sont devant leurs hommes, debout, sabre à la main. Ils courent au-devant de la mort dans les balles qui sifflent maintenant par milliers. Leurs hommes les suivent, irrésistiblement entraînés par un tel exemple... Un bond en avant... On s'arrête... On se jette à terre... On tire sur la ligne que tracent au loin les éclairs continus des fusils turcs... On se relève au signal de l'officier, on court... quelques-uns tombent... Il en est qui restent sur place... Des blessés se relèvent, essayent de courir, titubent, car la douleur et la faiblesse sont une sorte d'ivresse, trébuchent et retombent avec des gestes de rage impuissante, les poings tendus vers l'ennemi damné qu'ils n'atteindront plus.

« Sti photia ! Sti photia ! »

Les baïonnettes dressées ont, aux lueurs des coups, des éclairs de joie. La ligne grecque avance et progresse en vague irrésistible que l'infernal feu des Turcs ne peut arrêter.

La rage des assaillants est à son paroxysme. « Maudits Turcs ! Nous aurons votre peau ! Hardi les « enfants ! Mangeons-les tous, les chiens !... Ah ! vous « vous êtes vantés de vos victoires de 97 ! Vous étiez « alors 120.000 contre 30.000 ! Comme c'était malin de « nous battre ! Aujourd'hui, c'est autre chose. Nous « sommes égaux de chaque côté... Et vous allez faire « tout à l'heure connaissance avec nos chères petites « baïonnettes... Vous vous vanterez maintenant de 1912 ! »

La vague a tout submergé... Les Turcs vaincus ont

MILICIEN BULGARE

dû abandonner leurs positions. Ils ont fui vers Servia. En passant dans la ville, ils ont massacré 70 femmes, enfants, prêtres et notables... Les têtes coupées, aux rictus effroyables, attendent, posées à terre de chaque côté de la rue principale, l'arrivée des vainqueurs...

Dans une misérable baraque aux planches disjointes, au toit percé, le Diadoque, les Princes ses fils ou ses frères, et les officiers de l'état-major général dorment, les uns contre les autres, pour avoir moins froid, tous égaux dans la fatigue et le sommeil...

Dehors, sous la pluie, dans la boue, sans abris, l'armée victorieuse campe...

« La pluie ? la fatigue ? les morts, les blessés ? Bah ! Qu'est-ce que c'est que tout cela ? Nous avons vaincu les Turcs... 97 est vengée, rachetée, enfin !... Voilà le principal. Nous pouvons relever la tête maintenant. Nous ne sommes plus des *vaincus,* méprisés de tous. Les Puissances peuvent nous faire reculer si elles le veulent. La tache n'en aura pas moins été lavée !... Nous l'avons, notre *Revanche!...*

JÉNITZA

La Ville Sainte est en flammes... Les obus grecs, puis les paysans bulgares de quelques villages voisins l'ont incendiée.

Entre deux hautes murailles de feu, aveuglantes, torrides et dangereuses, nous passons avec les troupes qui viennent d'entrer de vive force dans la ville. Après une journée et demie de bataille... les Turcs ont résisté désespérément. Ils savaient que leur défaite serait la perte de Salonique. Et pourtant ils ont été battus... Parce que les Grecs savaient que leur victoire leur donnerait Salonique...

Il y a quelques heures que l'ennemi a quitté ses positions. Il ne faut pas lui laisser le temps de se reformer. On le poursuit donc avec acharnement...

Dans la plaine, en arrière, des centaines, des milliers de petites tombes toutes fraîches. D'une tombe à l'autre un « pappas » va et vient pour dire quelques prières... Et les braves petits soldats, morts au champ d'honneur « dia tin patrida ! » dans un sourire de gloire à leur Patrie victorieuse, les braves petits soldats sont désormais seuls, en cette terre froide, seuls pour l'éternité, mais de mémoire immortelle.

Les flammes tourbillonnent, dévorant maisons, magasins ou mosquées.

Les hommes rient et chantent. Pour allumer leurs cigarettes, ils veulent maintenant des brasiers géants. A des vainqueurs, il faut des choses grandes et dignes d'eux.

« Ce soir nous n'aurons rien à manger. Les ânes qui devaient nous apporter des « vivres ont les pattes trop courtes, sans doute... Et nous avons les jambes trop longues !... « Ils ne peuvent pas nous rattraper, c'est naturel. Et nous ne mangeons ni pain, ni viande ! « Nous aurons chacun, pour ce soir et demain matin, gros comme une noisette de fromage « ranci, un peu d'eau boueuse par-dessus le marché !... Et voilà.

« Ah ! Messieurs les soldats anglais, c'est vous que je voudrais voir ici, à notre « place, vous habitués aux romstecks, aux pommes de terre bien cuites, etc... »

BATTERIE BULGARE ALLANT PRENDRE POSITION

Celui qui parle ainsi était ouvrier à Londres, comme beaucoup de ses camarades l'étaient à Paris, à Marseille, en Amérique, en Egypte ou en Chine. Car les Grecs s'expatriaient très facilement, leur pays étant trop petit et trop pauvre pour les nourrir tous.

« Oui, sans doute, la Grèce était trop petite pour contenir tous ses enfants. Elle *était* « trop petite hier... Mais aujourd'hui nous l'agrandissons et demain nous pourrons y rester « tous !... C'est que, vous comprenez, il ne saurait plus être question maintenant de nous « faire revenir en arrière. Après Saranta-Poron, je ne dis pas... Moralement, nous aurions « été tout de même satisfaits. La tache était lavée. Nous n'étions plus des vaincus. Nous « avions notre *Revanche.*

« Mais voilà, depuis lors, nous avons avancé, nous avons eu d'autres victoires. La « dernière, celle d'hier et d'aujourd'hui, est particulièrement décisive. Non, non, après de « tels succès, vaillamment acquis, mais chèrement payés, qu'on ne vienne plus nous parler « de « réformes » en Macédoine. Que la vieille et impuissante Europe garde ses radotages « pour elle. C'est nous-mêmes qui ferons les « réformes en Macédoine ! » Nous y sommes, « nous y resterons...

Mouillés jusqu'aux os, éreintés par les marches forcées que le Diadoque leur fait faire depuis la frontière et par la dernière bataille, sans pouvoir se reposer, sans pouvoir manger, les braves petits soldats vont en riant et en chantant « Dia tin patrida ».

Jénitza brûle toujours. Les flammes jouent follement au-dessus des amas de pierres et de fers qui furent des maisons, tournent autour des minarets qu'elles noircissent...

Et dans ce cadre infernal et grandiose, evsones et fantassins défilent gaiement, rapidement, pressés d'atteindre l'ennemi qui se dérobe... Un roulement sourd au loin... Le bruit se rapproche, se fait tonnerre, martèlement de fers de chevaux sur les pierres, tressautements sonores de roues d'acier sur les pavés inégaux, grincements d'essieux, trépidation métallique de caissons et de pièces... Des cris ... Les fantassins se garent précipitamment le long des flammes. Et l'artillerie, joyeuse, passe au galop, traînant ses beaux outils de mort, tout frissonnants...

SALONIQUE

Le général turc Tashin pacha, voyant ses troupes complètement encerclées par l'armée grecque devant Salonique, a rendu la ville au Diadoque.

Par les rues, une foule en délire. On chante, on crie, on pleure, on rit.

« Libres ! Nous sommes libres ! Enfin !... Mais ce n'est pas un rêve ? »

Des evsones, déjà, sont entrés dans les faubourgs, qu'ils occupent. Ils pleuraient d'avoir délivré Elassona... Avoir reconquis Salonique, le grand port, la capitale morale de l'Empire ottoman, cela leur semble tout naturel. Il n'a pas fallu trois semaines de combats et de batailles pour les aguerrir complètement. On croirait vraiment, à les voir, de tout à fait vieux guerriers !

Les acclamations ne les touchent point. La satisfaction de leur conscience leur suffit pleinement. Dignement affamés, la tête haute et sans précipitation, fiers comme des héros antiques, ils entrent chez les « bacals » (¹), dans les petits restaurants. D'un air détaché, ils achètent quelques victuailles, de quoi calmer l'angoisse de leurs estomacs, mais ils ne veulent pas que l'on puisse croire un seul instant qu'ils ont eu faim !...

La joie de vaincre et la gloire les auraient soutenus bien longtemps encore !...

Les grands cafés, dans le quartier du port, vers la place de la Liberté, regorgent de monde. Officiers et soldats libérateurs y sont accueillis par des applaudissements frénétiques, par des discours toujours inachevés, parce que les larmes ne laissent aucun orateur dire plus de deux phrases, par des chants patriotiques, par l'hymne national. Une atmosphère d'enthousiasme, chaude et poignante, invraisemblable, indescriptible.

« Vive notre armée ! Vive la Patrie ! Vive l'Hellénisme ! Vive Constantin ! Vive « Vénizélos ! Vive le Roi ! Zito ...o...o...o. »

Tout le monde à la fois rit, pleure, chante, discourt, crie sa joie... Les soldats ne s'attendaient pas à un tel accueil. Ils ne savent que faire, que dire, que répondre. Ils finissent par pleurer comme les autres, comme nous-mêmes...

Exténués, brisés d'émotion, les gens, les uns après les autres, retombent sur leurs sièges, lourdement, comme hébétés, comme sans vie, pour quelques instants.

Ils prennent leurs pauvres têtes ruisselantes de sueur entre leurs mains crispées... Ils se frappent le front à grands coups de poing.

« Seigneur ! Seigneur ! où sommes-nous ? Ne serait-ce pas un rêve ?... Alors... Que « sera notre réveil ?... »

Et puis, à l'entrée d'un nouveau soldat, d'un nouvel officier, toutes leurs forces subitement leur reviennent. Ils se redressent brusquement. Leur poing menace l'inconnu. Tout leur corps se tend jusqu'à se courber en arrière tel un arc que l'on bande... Vive !... Vive... Vive... la li-ber-té !...

Le cri est parti, irrésistible, comme une flèche... Le corps, brutalement détendu, revient en avant. L'homme s'écroule, sans souffle...

Dans la rue, les femmes s'attardent à contempler leurs libérateurs. Aux soldats, aux officiers, les mamans disent, les yeux immensément agrandis sur la vision lointaine :

« Alors, c'est donc vrai ? Demain ils seront soldats grecs... Comme vous ?... Quel rêve ! »

Et les soldats grecs répondent avec un sourire, avec une caresse fraternelle pour le petiot, avec une pointe de regret :

« Oui, c'est vrai ! Mais ils seront plus heureux que nous... Nous avons commencé « l'œuvre de Résurrection... Nous avons fait franchir à la Grèce sa première étape !... A vos « petits de lui faire franchir la dernière !... Ce sont eux qui feront la garde d'honneur à « notre Constantin, dans Sainte-Sophie !...

(¹) *Epiciers*.

ENTRE DEMOTIKA ET MUSTAPHA-PACHA. — CONVOI DE BLESSÉS

CAMPAGNE D'ÉPIRE

ESQUISSES DE GUERRE (EXTRAITS DE LETTRES)

PAR Mme HÉLÈNE LEUNE

Le ciel est gris. La terre terne. Sans joie parce que sans soleil. Le froid mord. Il mord avec appétit... de ses belles dents d'hiver.

Sur la route boueuse aux pentes rocailleuses, les auto-camions roulent avec peine. Des mulets apeurés se serrent humbles contre les flancs des collines. Les machines lourdes d'orgueil parce que riches de puissance passent sans voir, roulent sans arrêt.

La bête a des braiements suppliants pareils aux appels des pauvres. La machine a des ronflements gouailleurs tels des affronts de riches... Cependant, eux aussi, pauvres mulets, vont vers la ligne porter des vivres, des munitions aux soldats qui combattent.

Il tombe une pluie fine, persistante ; une pluie qui va au fond des choses. Elle creuse le sol comme elle voudrait creuser nos corps, nos âmes. Les vêtements trempés deviennent lourds, tels des fardeaux. Ils alourdissent notre marche : elle était difficile, elle devient pénible.

J'ai le cœur froid, en harmonie avec le froid qui me glace le corps.

Que deviennent « mes camarades », sous leur léger manteau d'uniforme, leur mince demi-couverture sur les épaules trempées de pluie ?... Ils traînent leurs ânes, se traînent eux-mêmes ; cependant ils avancent toujours :

« Pensez, Madame, ils doivent être gelés, les camarades !... aux avant-postes... par un froid pareil ! Et voici quarante-huit heures qu'ils n'ont rien à se mettre sous la dent... Y a de quoi crever, pardi !... Dis, Madame, as-tu su la mort du fils du général Kalaris ?

— Comment ! il est mort ? Quand ? Où ?

— Sur le champ de bataille... Là où doivent mourir les braves, Madame... où nous devons mourir tous... pour la Grèce ! Pauvre petite Grèce !... on a du mal à l'agrandir et... Oui, le fils Kalaris... Mort pendant que son père commandait. Il était lieutenant... Un fier gars. Sa compagnie l'adorait. Le matin, en se levant, il a senti la mort tout près... Tout joyeux, il va supplier son père de lui laisser commander sa compagnie. « Va ! » qu'il lui dit son père... Il fait faire à sa compagnie une charge à la baïonnette, à la grecque... Il était blessé qu'il criait toujours « Embros ! s'ti photia ! » (En avant ! au feu !) Ses soldats volaient comme les soldats d'un bon lieutenant... Il les suit tant qu'il voit... et quand il a vu les Turcs « courtiser la Fuite », il est mort... souriant, content ! Ah !... il fallait annoncer ça au père ! Pendant que la bataille battait son plein, qu'il commandait... on prend des précautions ; mais les pères et les mères, ça devine vite le malheur de leurs enfants...

« Il est mort, mon fils... Mais dites-le moi donc... je le sens !... »

« Il va le voir baigné dans son sang. Un baiser très tendre... Le père embrasse le fils. Un baiser très grave... Le baiser du général à son lieutenant. Puis il regarde dans le vague... on pense qu'il devient fou...

« Souris, mon fils... tu peux être content, tu as fait ton devoir... Grèce, petite Grèce, je te donne mon fils... je te le donne comme un général, comme... un... père, comme un Grec !

« Officiers, soldats pleurent... Et maintenant, emportez, enterrez-le. Et que la bataille soit décisive : la terre où mon fils est tombé doit rester grecque... Lieutenant X..., la carte, les jumelles, vite, au travail...

« Le canon gronde, la fusillade crépite, la bataille continue...

— Allons, assez mon brave... c'est pas gai tout ça, vaut mieux se taire...

— Ah ! petite dame, tu n'es donc pas Grecque ? Ne sais-tu pas que le discours allège le cœur ? Et que nous avons besoin de cœurs légers pour nous envoler rapides vers la victoire ? »

Ils ont réponse à tout, ces gaillards ; et de les voir rire, je ris avec eux...

A la guerre, la Souffrance, la Douleur, la Mort ont la vitesse des balles...

La nuit arrive. On dirait une immense griffe noire, les serres crochues de quelque oiseau malfaisant, posées impitoyables sur les choses et les gens. La nature a des longs soupirs étouffés. Ils ressemblent à des râles d'agonie. Quelques blancs troncs d'arbres effilés et longs, pareils à des squelettes, se détachent sinistres sur le noir de l'ombre... et les branches sèches, sans âme parce que sans feuilles, chantent une hymne à la Mort !

Longs sont les dialogues ; pareils à la route que nous longeons et qui semble interminable. L'âme se fatigue. Le corps s'épuise. La tristesse vient serrer, presser, étouffer nos cœurs, comme pour leur enlever toute vie. Les soldats causent.

« Ah mais, dites-donc, vous aut'... vous m'faites oublier mes poussins... »

D'un geste très vif, Nicolas enlève son manteau et le jette sur les boîtes de cartouches qu'il prend soin de bien envelopper...

« Tu es donc fou, Nicolas, tu vas attraper la mort !

— Ma carcasse est à vendre, tite dame, sauf le respect que je te dois ! L'affiche, la v'là ! (Il me montre son uniforme.) Sèche ou mouillée, Papoulis (terme familier par lequel le paysan grec désigne Dieu. Il signifie : petit grand-père) la prendra. T'es pas difficile, pas, Papoulis ?

« Mes cartouches, elles aussi, sont à vendre. Mais aux Turcs ! Ça devient grave. Faut qu'ils aient de la bonne marchandise !... J'suis honnête, moi. Comme un Grec ! T'en doutes ? Ah oui... vous aut' étrangers, vous savez pas le grec, ça fait que vous êtes ignorants... Et vot' géographie, vous la savez pas non plus !... Vous confondez toujours les Grecs avec les Italiens, et vous répétez : « Peuples du Midi, peuples du Midi ! » Eh ben c'est point la même chose, que je vous dis : les Italiens sont des voleurs ; les Grecs, des honnêtes gens ! Et la preuve : me v'là ! »

Ses camarades rient :

« Bravo, Périclès ! »

Fier, content, il retrousse sa moustache très noire, très grande :

« Prends donc une glace ! » narguent les camarades. Mais le brave Nicolas n'entend rien.

« Pas, que vous êtes bonnes dans la bagarre, mes chéries ? »

Grave, il caresse ses cartouches, comme si elles avaient une âme.

« Et maintenant, au chaud, mes cocottes ! » Encore un geste paternel : il reborde les frileuses avec son manteau !...

Un coup de fouet claque sur le dos maigre du pauvre âne :

« Et toi, Veyb (Veyb : frère d'Essat pacha, défenseur de Janina, détesté des soldats grecs parce que cruel), en route !... »

***

La nuit vient ; lente, pareille à la tristesse. On dirait une vierge d'enfer majestueusement drapée. D'un geste royal elle laisse tomber le magnifique voile d'ombre sur les êtres et les choses.

« Allons, Fiat, fais briller tes phares, et tâche d'être à la hauteur du milieu. Quand tu vois de l'ombre, crache-lui de la lumière... ta belle, ton éclatante lumière. L'ombre est lâche et s'enfuit. Là ! comme ça ; pas, qu'elle a de beaux yeux, ma fiancée... »

Zizicas est toujours le même... Je me sens sous l'étreinte de la nuit. Sous l'œil du danger. Sous le regard de l'inconnu. Il y a de l'angoisse dans l'air. Des cris. Des appels. Des plaintes... Des corps qui se raidissent, des mains qui se tendent, des yeux qui regardent, une dernière fois... et qui se ferment pour toujours. L'auto roule m'entraînant avec elle, avec mon horrible vision. Nuit sans douceur, parce que sans pitié, quand finiras-tu ?

L'auto s'arrête. Le pont de Klissoura. Un des plus beaux paysages d'Epire. On le devine à travers l'ombre... Des platanes gigantesques gesticulent dans le noir. On dirait des orateurs de nuit. Leurs longues branches, pareilles à des bras de mille géants, ont des frissons qui ressemblent à des tremblements. Le torrent bouillonne autour des troncs séculaires. Il les enveloppe de ses gerbes blanches, étincelantes, de ses gerbes folles. Pareil à la mort, il guette la branche sèche, le caillou léger, le roc qui pour lui n'a pas de poids... Il arrache, il casse, il brise et, dans un grand fracas, il les roule dans ses flancs tout blancs, dans ses mille précipices, dans son lit de mort... Puis, fier de sa besogne, il jette sur son crime le long voile blanc à flocons d'écume, son linceul d'oubli.

Une douce plainte pareille à un chant de mourant : « Adelphouli (petit frère), ne me quitte pas... mourir aux côtés d'un frère, c'est bien mourir ! »

Encore la mort... si près... ils sont là quatre-vingts blessés. Ils arrivent sur des mulets ; par longues théories douloureuses ; à travers les sentiers sombres de la nuit malfaisante.

Ils viennent de partout : de Manoliassa, d'Aétorachi. La bataille fut dure. « Plus de cinq cents morts, sept à huit mille blessés », me dit un evzone qui serre sa plaie pour en étouffer la douleur. « Ils sont nombreux les Turcs, doublés, triplés par la garnison de Monastir que les Serbes ont laissée échapper. Ils ont de cent à cent cinquante canons. La nuit dernière ils nous tombent dessus, ivres-morts. Leurs officiers les grisent. Leurs morts sentent le vin. Ils criaient, hurlaient, le canon tonnait ferme et décimait notre pauvre division avec ses uniques quatre canons de montagne ; nous avons gardé nos places. Ils ont essayé d'arriver jusqu'aux tranchées. Nos cartouches étaient finies. Alors nous avons pris des pierres. Ils sont venus plus près... nous avons sorti nos baïonnettes, et quand nous les avons sentis tout contre nous... oh ! alors... nous nous sommes servis de nos dents ! Le chien ! je l'ai mordu bel : il a poussé un grand râle et je l'ai vu rouler dans le ravin... Tous les camarades ont appris à mordre aujourd'hui. Mais voilà... il n'y a pas de réserve pour nous remplacer... Nous sommes là sur les flancs de la montagne... ça fait seize jours et seize nuits que nous nous battons... sans sommeil, sans repos et des glands de chêne comme nourriture...

— Tiens, voilà du cognac, prends vite.

— Oh ! merci, Adelphouli... Mais... si, tu es une dame ! ici ? une femme ici ? Ah ! mais non ! un homme estropié reste toujours un homme. Il ne prend pas le cognac d'une pauvre petite dame comme toi. Surtout dans les circonstances. Mais tu dois avoir froid. Tiens, prends ma couverture. Je n'ai pas froid, moi (il grelotte). C'est de contentement que je tremble... je suis content d'être blessé ! Monsieur le mari de la dame, forcez-la donc à prendre ma couverture. Les nuits sont dures. Une femme ici !... »

« Capitaine, combien as-tu d'hommes de tués ?

— Cent vingt ? Malheureux ! Pas de canons pour les protéger. Ils marchent, ils courent sous les obus... Je ne les vois plus... quelle fumée ! toute blanche... On dirait que la mort a mis des voiles blancs pour recevoir mes enfants, mes héros ! Qu'est-ce que j'entends ? « Je meurs, capitaine ; le bon Dieu me gâtera en paradis, parce que je suis le plus jeune de la compagnie ! » Ah ! c'est mon Kostis !... Il meurt... dix-huit ans... Il n'attendra plus la lettre de sa fiancée... mon Dieu !... mon Dieu !... j'ai mal... Nicolas, hé ! Nicolas, qu'est-ce que tu fais là ? Il rit... Ha, ha, ha... je le disais, capitaine, que je planterais le premier drapeau à Sainte-Sophie. Ah ! Sainte-Sophie !... l'Aigle... Constantin... On m'appelle... Mes soldats m'appellent... Je viens, mes enfants... Il est vieux, votre colonel, il a la vie dure... Je... viens... je... meurs... Grèce... petite Grèce... »

Pauvre, pauvre colonel ! Une balle lui a traversé le ventre ; il a le délire, et la fièvre monte, et la mort est là...

Les ambulanciers font ce qu'ils peuvent, essayent d'allumer du bois mouillé. Il ne brûle pas. Ils donnent leurs cigarettes, tout ce qu'ils ont ; ils n'ont pas grand'chose. Ils prennent les blessés dans leurs bras, sur leurs genoux, les bercent, tels des mères... Oh ! c'est touchant de voir les blessés, les mourants pencher leur pauvre tête sur l'épaule des camarades comme pour y chercher la chaleur d'une mère, la tendresse d'une sœur... tout bas, dans l'oreille, ils leur glissent des choses douces, et aux mourants : « As-tu une commission pour la mère ? »

Sous la maigre lueur d'une bougie, ils écrivent, hâtifs, des adresses, des phrases... les dernières ! Parfois une larme toute tremblante tombe sur la feuille chiffonnée...

« Pleure pas, mon vieux, sommes ici pour ça... pour elle... pour la Patrie... »

Il en meurt beaucoup..., pas assez d'autos pour les transporter, et quel temps !... Ils grelottent, les malheureux... de froid et de douleur !...

Cependant le ciel a l'air de se dégager. Une étoile, la plus grande de toutes, lumineuse comme une étoile d'Epire, apparaît seule, la première... Sur mes genoux un

ANDRINOPLE. — LE FACTIONNAIRE DE LA MOSQUÉE SULTAN-SELIM

mourant repose. Il ouvre ses grands yeux, étincelants de fièvre. Il me sourit. Il me serre la main... Essaye de se redresser, tend sa main raide, sûre, décisive, vers la grande étoile d'argent :

« Adelphoula (ma petite sœur), tu vois ?...

— Oui, mon petit, je vois ; il va faire beau. Ne te fatigue pas. » Il relève encore sa tête...

« Tu vois ? Regarde... La Victoire ! Elle nous regarde avec son œil d'or !... Il fait beau... très beau... dans la grande Grèce... »

La tête retombe, froide, sur mes genoux... sur le front glacé, je dépose le baiser de la mère, de la sœur, de la fille...

Petit soldat à l'âme simple, paysan au cœur poète, je sens encore ta tête sur mes genoux... et ta grande âme vit toujours dans la petite mienne...

***

« Ah ! c'est vous, jeunesse ? Comment diable avez-vous fait pour venir jusqu'ici ? Par une nuit pareille ! Aux avant-postes d'infanterie ! C'est fou... vous n'entendez pas ? Crac... crac crac... crac... Puis des sifflements... Des balles, des centaines de balles s'écrasent, craquent sur les rochers, passent au-dessus de nos têtes, nous effleurent la joue, frôlent nos vêtements, font musique joyeuse autour de nous.

« Ah ! comme je suis content de vous avoir ! A la veille de la bataille... Demain, au petit jour, en avant, comme le veau ! » Nous rions... Ce capitaine Prantounas a des expressions si drôles, si pittoresques !... Comme il ne sait pas très bien le français, il le parle suivant son cœur. Du reste, il est unique dans l'armée; petit, rond de cœur comme de corps; joyeux, bavard, naïf et simple, il aime ses soldats et ses soldats l'adorent.

« Ah ! vous êtes venus dans la *Moskopoula !* (Les soldats appellent la division du général Moskopoulos : la Moskopoula. *Moskos,* en grec, veut dire : parfum très fort.) La division qui sent le plus la mitraille ! Tenez, voici une tente-abri pour la nuit,... vous avez faim, hein ? Et les vivres, hum ! Eh ! enfants, qu'est-ce qu'on mange demain ?

— Demain, mon capitaine, on mange pas, on se tue.

— Ah ! voyez ça... à la Napoléon, hein !... Du reste, Napoléon était Grec... Je vais faire ma lettre à ma femme; je vous rejoins dans quelques petites minutes... »

Ah ! sa femme ! Prantounas adore Kikikèla, sa femme !... Et tous les soldats, quand ils parlent de Prantounas, parlent de Kikikèla comme d'une petite femme bien grasse, pleine d'amour pour son Prantounas, comme Prantounas est plein d'amour pour sa Kikikèla...

Sur la terre mouillée, sous la tente qui goutte, nous mettons notre mince couverture.

« Une niche pour abriter les tourtereaux ! » nous dit un soldat en riant.

Prantounas revient... Vif et brillant comme un éclair. Il se frotte vigoureusement les mains...

« Propres, les fusils, mes braves ?

— Prêts à fendre l'air, mon capitaine !...

— Les baïonnettes aiguisées ?

— Comme des rasoirs, mon capitaine : prêtes à s'enfoncer dans les chairs flasques de ces chiens de Turcs !...

— Et les cœurs, vaillants ?

— Comme des cœurs de héros, mon capitaine !...

— Et les âmes ?

— Prêtes à rendre, mon capitaine !...

— Je n'aurai donc pas le dernier mot, sacrés gars ?

— Le dernier mot est à la Patrie, mon capitaine : elle le dira demain. »

Fou d'enthousiasme, pleurant comme un enfant, le brave Prantounas ouvre ses bras tout grands au spirituel soldat. Celui-ci se jette sur la poitrine de son capitaine comme un fils dans les bras de son père !... Il crie : « Zito tou lochagou mas !... Zito-o-o ! » (Vive notre capitaine !) Toute la compagnie accourt, joyeuse, folle. « Zito-o-o-o !... » « Mes braves, mes héros, vive la grande, la nouvelle Grèce !... »

« Celle qui encore une fois dominera le monde ! » glisse, prophétique, un soldat au visage d'ascète...

Ah ! ceux qui s'imaginent des veilles de bataille mornes, ceux qui croient la guerre « une œuvre horrible » ! qu'ils viennent contempler les soldats à la veille de mourir.

« Et toi, Spiridon, qu'en dis-tu, mon gaillard ? Ça va chauffer, demain... Ah ! c'est le Benjamin, le volontaire de quinze ans, l'enfant gâté de la compagnie. »

Un petit soldat imberbe, presque un enfant, à l'expression naïve et innocente, vient, timide, vers nous.

« Il est juste sorti de l'œuf, c'lui-là ! » plaisante un gros garçon, le nommé Goliath de la compagnie.

« De l'œuf tant que tu voudras, mon vieux ; mais de l'œuf grec ; on en sort avec des ailes d'aigle !

— Bravo ! mon poussin ! ça te gagne, l'enthousiasme, à ce que je vois... C'est l'air de la montagne, voyez-vous... l'air militaire, ha, ha, ha... »

Et Prantounas rit de son rire franc, très rond... Et, rapidement, il nous dit l'histoire de « son Benjamin » :

« Une folie de jeunesse... était à Pékin... gagnait sa vie... celle de sa famille... la guerre éclate... il ferme le magasin... fait le grand voyage, jusqu'à la « Moskopoula » !...

— C'est toi qui a fait cela, petit ?

— Oh ! Madame, tous les Grecs font pareil !... »

Et enhardi par l'enthousiasme et le regard très tendre de son capitaine : « Y avait deux ans que j'étais là-bas... ça été dur... faire quelques économies, louer le petit magasin, commencer le petit commerce. Il marchait bien... j'envoyais l'argent à mes parents, pour eux, pour marier mes sœurs... Un soir, j'étais avec des camarades : « La Patrie est en guerre ! » que j'entends... « J'y vais !... » « Moi

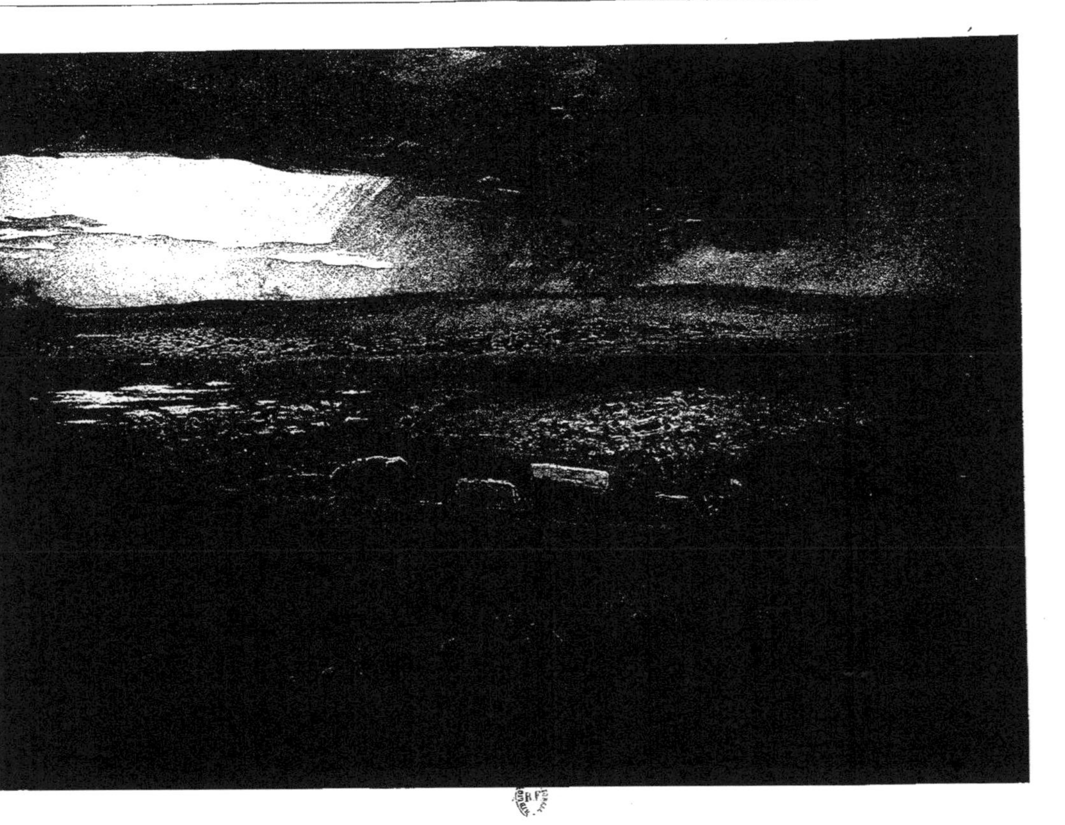

CONCENTRATION A DÉMOTIKA DES CONVOIS DE RAVITAILLEMENT POUR L'ARMÉE DE TCHATALDJA

aussi !... » « Et moi pareil !... » Ils partent tous... J'ai senti alors comme une flèche au cœur, quelque chose qui me brûlait... et j'ai vu la « Patrie » bleue qui se battait... et qui me criait fort : « Viens, Spiridon ! Il me faut tous mes enfants ! » J'ai fermé boutique, envoyé une dernière fois quelques sous à mes vieux, et j'suis venu, sans passer par la maison... pour pas pleurer : la guerre veut des yeux secs !... »

Pauvre petit au grand cœur ! Comme la vague de l'Océan vient chercher les marins dans le fond de leur village chaud de tendresse, pour les transporter vers les flots qui glacent, ainsi la voix de la Patrie est allée trouver le petit ouvrier grec dans le feu de son travail. Elle l'empoigna, l'ensorcela, lui chanta des chansons câlines comme celles que la mer chante à ses marins, et le transporta tout frémissant de la joie de se donner, sur Manoliassa, dans le cœur de la bataille, où il mourra peut-être demain...

« Oh ! vite, vite demain ! » trépignent les soldats.

« J'aurais des ailes, je m'envolerais, tellement je suis content !... » lance un soldat, gamelle à la main, tout en courant pour chercher sa maigre pitance. Je le suis. Quand la soupe fume, l'esprit des soldats s'aiguise ; et je suis friande de leur esprit aux reflets antiques.

« Peut-être la dernière fois... c'est cruel, la guerre... vous ne trouvez pas, Madame ?... En plein siècle de civilisation... se tuer entre frères ? car les hommes... sont frères !... »

« La Grèce a retrouvé son Périclès », scande, ironique, un ouvrier qui n'aime pas beaucoup la morgue de son camarade « instruit ».

« Et l'*Humanité*, son sauveur ! » ajoute un soldat grimaçant pour singer la pose du « camarade » qui sait tout !

« Ma foi, je ne vous comprends pas, enfants ! »

— Eh bien, petite dame, voici : Monsieur fait des études à Paris, qu'il nous a raconté. Ça lui a un peu tourné la tête. Il nous parle de bestio..: non de sociologie... est-ce comme ça ? Des grands mots qu'on ne comprend pas, quoi. Et il a des feuilles dans son sac sur quoi c'est écrit : *L'Humanité*...

— Ah, je comprends : *L'Humanité* de Jaurès, tu veux dire ?

— Oui, c'est ça, de « Zourlos » (*zourlos* veut dire fou, en grec), qu'il dit : il faut pas se battre entre frères... Mais... ils sont pas mes frères, les Turcs : ce sont mes ennemis, et comme tels je les tue !... Pour nous persuader il disait comme ça hier : Au commencement Dieu créa...

— Toute la Genèse, quoi ? lance un petit soldat dans un grand éclat de rire... « Au commencement, au commencement, Dieu créa la Grèce ! Quand il était jeune et beau !... Et puis il a vieilli, enlaidi... alors, il créa les autres nations... et c'est là qu'il va chercher ses lumières, notre « Instruit » !

— Bravo ! Kosta... Platon parle par ta bouche, et, comme toujours, il tisse des phrases d'argent. »

Il pleut toujours... Impossible de dormir. Le sommeil fuit le froid. Les soldats causent gaiement autour de grands feux. Ils chantent, ils dansent.

« Vous n'arrêtez donc jamais ?

— La Mort fête ses morts, Madame, et la Vie ses vivants ! Ainsi, il pleut, nous rions ! Ha, ha, ha...

— Mais ça va continuer, cette pluie ?

— Qu'est-ce que ça peut faire, Madame ? Laisse les mauvais jours tisser les beaux : regarde, c'est la défaite de quatre-vingt-dix-sept qui a tissé la victoire d'aujourd'hui...

— Tu parles comme un vrai fils du Soleil, camarade ; c'est lui qui donna aux Grecs la gaîté et la sagesse... « Bravo ! » lui crient contents les camarades.

Un soldat passe, un sac sur le dos, déjà plein.

« Allons, vite, vos lettres... C'est-il là tout votre fourbi ? C'est qu'y en a aujourd'hui, on voit qu'c'est la bataille demain, hein, les gars !...

— Ah ! j'ai écrit de ma plus belle écriture. Les mères gardent toujours la dernière lettre de leur Petit ! dit songeur un petit soldat qui pense à sa mère...

— Et moi, j'y ai mis mes plus belles idées, mon meilleur cœur... pour ma femme... faut qu'elle puisse montrer la lettre au gars... quand qu'il grandira... : je veux qu'il meure comme son père, pour la Patrie !

— Moi... j'ai pas de parents... Mon adieu, je le dirai demain : à la Patrie...

— Ah ! c'est pas gai, tout ce que vous racontez... T'nez, je vais me faire la barbe, moi ! Devenir beau comme ce diable de Praxitèle ! Et toi, Philippe, viens-tu pas ?

— Non ! moi j'me rase pas ; je fais la barbe aux Turcs avec ma baïonnette... Oh ! ce que je vais les raser demain... »

Un craquement pareil à l'effondrement d'une bâtisse en fer nous réveille en sursaut. Des lumières à l'éclat blafard, telles des éclairs, font briller la montagne. Et ses pics et ses rocs paraissent gigantesques dans le mystère de la nuit. La terre a des sursauts pareils à des tremblements. On dirait que des bras puissants la saisissent et la secouent, telle une chose légère. Et les branches ont des craquements qui ressemblent à des os qui se brisent... et les broussailles et les feuilles sèches ont des frissons de peur...

A quinze, à dix, à deux mètres de nous, il tombe des obus. La fusillade bat son plein. Des éclats de fer déchirent les tentes, des balles les transpercent. Des chuchotements : les soldats causent à voix basse. Des bruits sourds : les soldats marchent à pas étouffés.

Nous les suivons. Nous gagnons une hauteur. Là, derrière le roc, abrités par les broussailles, couchés à plat ventre, nous pouvons tout voir sans être vus.

Une première clarté : un tâtonnement de lumière ; une première menace à l'ombre noire... le jour fait ses premiers pas ; la nuit pâlit. L'ombre devient grise.

Une longue ligne noire, aux silhouettes indécises, se meut sans bruit, laissant derrière elle comme un sillon de mystère. Les soldats montent de tous côtés, rapides, vers les hauteurs : on dirait une course de chèvres noires, sautant, légères, sur les rochers à pic.

A trois cents mètres de nous, les fusils turcs laissent partir leurs feux, feux ronds, fugitifs, insaisissables.

Ainsi que des feux follets, heureux du jour qui s'approche, ils apparaissent et disparaissent dans l'ombre.

La fusillade augmente, crépite. Le canon continue sa musique aux accords grandioses.

Les vallées sommeillent encore, enfouies sous une brume légère pareille à de la

LULLE-BURGAS. — A LA BAIONNETTE !!

fumée très bleue. Lancé très haut, comme pour dominer, le mont Olitzika montre ses flancs puissants, ses flancs inaccessibles, couverts de neige d'une éclatante blancheur.

Des nuages aux contours indécis, pareils à des fantômes chargés d'une élégante volupté, viennent s'y poser gracieux, tels des songes de joie : on dirait des odalisques à la chair d'ouate, mollement étendues sur des divans aux riches draperies d'argent.

La grande montagne rêve des nuits d'Orient !... Seuls, ses pics hardis transpercent dans un élan de mépris et les nuages et la brume. Ils vont résolument s'enfoncer, se perdre dans le ciel.

Maintenant nous sourions sous un voile léger, diaphane, tissé avec de minces fils d'or... Un éclat éblouissant, fort, pareil à une giffle d'or nous ferme les yeux. Ah ! la grande, la magnifique lumière ! Il est là le Dieu des Grecs, le Dieu de la lumière !...

« Zito to phos, Zito-o-o-o ! » (Vive la lumière !) Un cri sonore, formidable comme un éclat de tonnerre, s'échappe tout à coup de mille poitrines. Les képis sont lancés en l'air ; vers la lumière, vers la gloire ; les mains se tendent comme pour embrasser. Oh ! ce cri ! C'est ici qu'il faut l'entendre, en pleine bataille... gronder avec le canon qu'il domine, vibrer dans l'air transparent, telle une corde puissante ; résonner seul, unique, dans les montagnes d'Épire aux lignes pures. Vieux de deux mille ans, il frémit de jeunesse parce que né d'enthousiasme. Pareil au Parthénon, il reste impérissable, telle une œuvre d'art. Et l'immense, la joyeuse clameur parcourt la montagne et la secoue comme un frisson d'enthousiasme. Monts et vallées étincellent. Pareil à un prêtre de Byzance, couvert d'or et de pierreries, le soleil trône maintenant, dans la grande église byzantine, qu'il vient de créer lui-même pour sa gloire. Et sa bénédiction, toute faite de chaleur, de joie, tombe à flots sur les soldats ses fidèles. Eux, baignés de lumière, ivres d'amour pour la Patrie, reprennent leurs puissants « Zitos », s'élancent dans la bataille.

Et maintenant, qu'importe la mort, puisque l'âme est pleine de lumière ?...

Un bruit continu. Un fracas sourd. Pareil à celui que font les vagues aux jours de grande marée ; quand la mer a sous les rocs qu'elle ronge et qu'elle creuse des aboiements de grands St-Bernard.

Comme un chien traqué, Bizani crache sa rage de vaincu... Les officiers marchent en tête de leurs hommes. Leurs sabres étincellent au soleil, fouettent l'espace tels des fouets d'argent. Leurs voix sonores, chaudes d'enthousiasme, tonnent sans relâche : « Embros, paidia ! » (En avant, enfants !) Les soldats courent, volent, crient aux obus qui passent, qui crèvent au-dessus de leurs têtes : « Ora kali » ! (Bon voyage !) ou bien : « Kalos orisses ! » (Sois le bienvenu !)

Eux éclatent, formidables de rage, de vengeance... Les soldats se couchent, se confondent avec le sol. Au-dessus d'eux, de grandes gerbes blanches pareilles à de gigantesques bouquets de fête. Un... deux... quatre obus éclatent. Les soldats se relèvent... Il en manque. Mais ceux qui restent reprennent leur course. Les obus poursuivent, tenaces, fanatiques. Ils déracinent la terre, les arbres, les rocs ; empoignent les soldats, les enlèvent de terre, légers comme des feuilles, les laissent retomber dans le vide, masses inertes, corps sans âme... et la chute est sourde, tel le dernier râle.

Ils s'attaquent aux chairs lisses que des mères tendres ont nourri de leur lait très doux. Arrachées, déchirées, désossées, elles tournent en l'air, dans un tourbillon tout fait de sang, de terre, de fumée. Et la bouillie macabre, la bouillie horrible retombe flasque sur les rocs qu'elle teint de rouge. Le sang gicle dans l'air transparent et lui donne des reflets de rubis.

Une sonnerie de clairon. Une musique d'ivresse. Les accords sont grêles. Des accords de vengeance, de mort.

Le drapeau se déploie. Les officiers, les soldats le saluent dans un geste de dernière tendresse. Tout à l'heure ils ne seront plus des hommes... Le drapeau s'envole, comme porté en triomphe. Les soldats s'envolent aussi. Comme lui, avec lui, vers les postes turcs...

C'est la charge, la charge grandiose, la charge à la Grecque.

Comme le taureau ivre de sang fonce sur sa proie, ses puissantes cornes en avant, les muscles tordus, prêt à enfourcher, à déchirer, à lancer la victime haut en l'air, ainsi le soldat grec grisé par la mitraille s'élance sur l'ennemi, le corps en avant comme pour marquer sa volonté de tuer, baïonnette tendue, prête à s'enfoncer dans les chairs molles...

Les soldats n'ont plus de voix. De leur poitrine haletante, il ne sort plus de « Zitos » harmonieux. Des cris, des hurlements... On dirait que des centaines de fauves sont mis en liberté.

Maintenant, le clairon rend des sons rauques ; il sanglote... Oh ! l'effroyable vision ! Les baïonnettes ont des gestes de fureur, des désirs de mort. Inflexibles comme la vengeance, elles entrent droites dans les chairs qui frémissent. Et quand elles ressortent, elles sont tachées de sang, rouges de colère...

Elles ne brillent plus au soleil parce que couvertes de haine...

Les hommes se serrent dans une terrible étreinte l'un contre l'autre, prêts à s'entr'égorger. On dirait des groupes macabres chantant leur duo de mort. Les mains se crispent, prêtes à étrangler, les dents s'enfoncent dans la peau, l'emportent en lambeaux... Les deux hommes tombent, se relèvent, et quand ils se sont bien étouffés, quand ils ont arraché à leur corps la dernière force, ils roulent dans les tranchées et se baignent dans leur sang.

Sur les corps ensanglantés, la mort plante ses griffes jaunes. Elle enfonce ses dents noires, pointues dans les chairs encore chaudes ; l'agonie achève ce que la lutte n'a pu terminer.

Et la charge sonne toujours, comme pour activer le massacre...

Les Turcs fuient dans une fuite désordonnée, folle. Les Grecs poursuivent dans une poursuite affolante, persistante. Ils ne s'arrêtent que pour reprendre haleine et lancer encore, toujours, leur « Zito » que le vent emporte sur ses ailes rapides vers la Patrie vengée, vers la Patrie heureuse.

Sur les tranchées turques, le drapeau grec flotte fier, comme conscient de la victoire. Il se penche vers ceux qui meurent comme pour les saluer, se relève comme pour donner de l'espoir aux blessés qui souffrent... Les mourants le fixent graves, déjà immortels. Les blessés lui sourient. Et ensemble, mourants et blessés, unis comme une seule âme, crient : « Zito i Simea, Zito i Patris ! » (Vive le Drapeau ! Vive la Patrie !)

Le vent souffle indifférent sur les corps qui ne se meuvent plus. Il joue avec son glorieux jouet, le drapeau grec qu'il aime parce que couleur du ciel !

LE SIÈGE D'ANDRINOPLE

VU DU COTÉ DES ASSIÉGÉS

Par Gustave CIRILLI

VICE-CONSUL DE FRANCE A ANDRINOPLE

La période de famine. — Incurie et imprévoyance. — Détresse de la population. — *Les fariniers.* — Démarche des chefs religieux auprès de Chukri pacha. — Intervention des femmes du faubourg d'Ilderim auprès du valy. — Le soldat ne mange plus a sa faim. — Les animaux meurent faute de nourriture. — Histoire d'un ane affamé.

Pour les futurs historiens de la guerre balkanique, le siège d'Andrinople restera comme un événement des plus déconcertants.

Nous mettrons de suite hors de cause le général Chukri pacha qui, venu en toute hâte de Constantinople au commencement du mois d'octobre, prit le commandement de la place quelques jours seulement avant les hostilités et qui, trouvant les choses dans un état d'inorganisation complète, sut néanmoins par sa belle défense sauver l'honneur des armes au milieu de l'effondrement général de son pays. Mais que dire d'un Gouvernement qui, parfaitement renseigné sur la situation politique, laissa une place forte destinée à recevoir le premier choc de l'ennemi dépourvue des premiers éléments de résistance, je veux dire de vivres en quantité suffisante pour lui permettre de parer à l'éventualité d'un long siège? Que penser de ce Gouvernement qui ne sut ni voir, ni prévoir, ni pourvoir?

On était loin d'ignorer à Constantinople, dès les premiers jours de septembre, que l'horizon se couvrait de nuages du côté des Balkans, que la Bulgarie marchait à la guerre et que ses armées, la campagne une fois commencée, allaient, dès les premiers pas, investir cette ville-frontière de manière à lui couper toute communication avec le reste du territoire envahi. Dès lors, la prudence la plus élémentaire imposait le devoir de jeter dans cette enceinte fortifiée, tant qu'il en était temps encore, non seulement du matériel de guerre, dont on était du reste largement pourvu, mais aussi, mais surtout des provisions de bouche, des matières de première nécessité en quantité considérable.

Pour cela, rien de plus facile; les dépôts des cazas voisins regorgeaient de blé, d'orge, de seigle; les ports de Dédéagatch, de Rodosto, de Porto-Lagos détenaient des stocks importants de pétrole, de charbon, de sel — cette autre matière indispensable à la nutrition. Constantinople elle-même, marché universel et pourvoyeur de presque toute la Turquie d'Europe, pouvait facilement contribuer aux réserves d'Andrinople. Il suffisait, pour le transport de toutes ces marchandises, de distraire quelques wagons des innombrables trains militaires qui circulaient depuis un mois dans cette direction, et la ville était sauvée de la famine.

Que fit cependant le gouvernement de la Porte? Avec une inconcevable légèreté, il donna l'ordre aux autorités locales de ne se pourvoir de vivres que pour une période de deux mois! comme s'il escomptait d'avance, à si bref délai, la victoire... ou la défaite. Heureusement que, mieux inspirés, la Municipalité et le Vilayet prirent des dispositions pour dépasser le délai officiel et s'assurer des vivres pour une période de trois mois.

Toutefois la faute initiale pesa cruellement par la suite sur le sort d'Andrinople. En effet, sa population de 100.000 âmes se trouva plus que doublée du fait d'une garnison portée de 15.000 à 70.000 hommes, et de 20.000 à 25.000 *mohadjirs* ou émigrés qui, fuyant l'approche de l'ennemi ou abandonnant leurs villages devenus la proie des flammes, s'aggloméraient tous les jours en ville, encombraient les rues, les quartiers, chargés de bagages, mais dépourvus de vivres. Il fallut bien s'inquiéter de ce surcroît de bouches inutiles, leur procurer un gîte, donner quelque nourriture à leurs bestiaux et, à ce compte-là, les provisions ne tarderaient pas à s'épuiser.

Pour faciliter la distribution du pain aux assiégés, il avait été convenu que la Municipalité et le Conak se chargeraient de l'élément civil, le Commandement militaire, en ce qui concerne la ration des soldats, ayant passé des marchés avec un fort syndicat de minotiers à la tête duquel se trouvait placée une famille arménienne, aussi entendue à moudre le blé qu'à faire « ses bedides avaires », aussi habile à exploiter les Turcs qu'à les desservir, sous le masque de la plus parfaite obséquiosité. D'où l'on peut conclure qu'à mesure que le grain diminuait et que les estomacs se creusaient, les coffres de ces Messieurs se remplissaient.

Tant qu'il y eut de quoi manger, on supporta vaillamment les péripéties du siège. Mais après quarante jours d'isolement,

TROUPE D'INFANTERIE BULGARE EN MARCHE

survint l'armistice du 4 décembre, cet armistice démoralisateur, draconien, où le vainqueur, se faisant la part du lion, refusa aux assiégés le droit de se ravitailler, tandis qu'il s'octroyait libéralement celui de fournir à ses armées tous les vivres qui leur seraient nécessaires. Et c'était un spectacle cruel de voir les trains bulgares passer journellement aux portes mêmes d'Andrinople, les wagons chargés de toutes sortes de provisions, tandis que les conducteurs et les mécaniciens, du haut de leurs locomotives, montraient au peuple, qui commençait à manquer de tout, des miches de pain blanc, des bougies, des morceaux de sucre, ou bien que, par une insultante ironie, ils attiraient l'attention des musulmans sur des fourgons à claire-voie remplis de porcs immondes dont la chair est, comme on sait, défendue par la loi coranique.

Un dernier espoir restait aux assiégés; c'était que l'armistice fût véritablement, comme on l'avait annoncé, le prélude de la paix, que celle-ci se conclurait assez vite pour épargner au peuple de plus cruelles privations. Mais les pourparlers de Londres traînaient en longueur; il fallait Andrinople à tout prix à la Bulgarie victorieuse, et on en venait alors à se poser cette autre question déconcertante : Comment les négociateurs turcs qui avaient signé l'armistice avaient-ils consenti à laisser cette ville piétiner sur place, abandonnée à elle-même, sans vivres, sans secours, réduite, en un mot, à ses propres forces ? Par quelle erreur de calcul la condamnaient-ils à périr de faim, alors que sa résistance devait être le pivot de leurs négociations, qu'elle pouvait seule les sauver aux yeux de l'Europe et leur obtenir des conditions moins dures ? Sans doute, on pouvait beaucoup exiger des soldats et de leur vaillant commandant en chef; mais que pouvait-on attendre d'une population composée d'éléments hétérogènes chez qui le patriotisme n'était qu'un mot vide de sens, ou du moins qui n'avait quelque valeur qu'à la condition de se concilier avec leurs besoins ou leurs intérêts ? L'exemple de villes comme Paris, comme Beauvais, comme Saragosse, n'était pas de mise ici; on ne pouvait demander de l'héroïsme à des gens qui n'avaient que l'égoïsme de vivre. *Primum vivere.*

Deux longs mois s'écoulèrent ainsi où il fallut bien s'ingénier à se créer des ressources, mais où on était contraint le plus souvent à mettre la générosité des autres à contribution; les gens les plus aisés tendaient la main sans pudeur. Ceux qui possédaient encore quelques restes de provisions donnaient à ceux qui en étaient le plus dépourvus ; mais le peuple en était venu à manquer de tout, de sucre, de sel, de charbon, de pétrole. On essayait parfois de tourner la difficulté. Le sucre était remplacé par la saccharine, le charbon, par le bois de chauffage, le pétrole, par ces maigres chandelles de cire jaune qu'on brûle dans les églises grecques devant les icônes et dont la mèche fumeuse et la lumière blafarde prêtent aux objets des apparences fantastiques. Mais la matière dont la privation se faisait le plus cruellement sentir, c'était le sel. Que valait la meilleure nourriture, que valait le pain lui-même, sans ce condiment indispensable ? Tous les jours, des milliers de femmes turques, des ménagères de tous rangs, prenaient d'assaut les bureaux de la Dette Publique Ottomane pour demander l'aumône

de cette matière vulgaire devenue matière précieuse, et c'est à peine si on pouvait leur en distribuer une pincée. Le besoin, cependant, en était si grand qu'on en vint à fabriquer du sel chimique, drogue amère qui se vendait dans certaines pharmacies au prix de 20 francs le kilogramme.

On se débattait au milieu de ces difficultés, lorsqu'on apprit un beau matin qu'au lieu de la paix espérée et promise, c'était au contraire l'armistice qui était dénoncé (3 février) et les hostilités qui allaient reprendre. Ce fut un désespoir général. A la pénurie des vivres, il fallait ajouter les dangers d'un second bombardement. Les quartiers les plus exposés se vidèrent ; on courait chercher un refuge dans les maisons éloignées, dans les établissements religieux aux massives constructions où on se flattait de trouver plus de sécurité, peut être aussi plus de facilités pour la vie matérielle. Mais on ne tarda pas à reconnaître qu'il fallait se réduire, se mesurer, se priver, subir le contact des grandes agglomérations qui pouvaient devenir le foyer de graves épidémies.

L'école de l'Alliance Israélite, vaste bâtisse pouvant loger un millier de réfugiés, en reçut plus de quatre mille ; on s'écrasait dans les salles, dans les corridors, au point que bien des personnes en étaient réduites, la nuit, à dormir debout, appuyées sur l'épaule de leurs voisins. Et toujours pas de vivres pour cette fourmilière humaine.

Qu'allait-on faire ? Comment résoudre le difficile problème de l'existence ? Les moulins, pour la plupart, ne fonctionnaient plus, faute de grain et de force motrice. Par-ci, par-là, quelques sacs de farine, mais si noire, si sophistiquée, que le pain se refusait à lever au pétrissage, et qu'à la cuisson on n'obtenait qu'une sorte de galette de plomb fondu dont un estomac d'autruche se serait sans doute mal accommodé — et Dieu sait pourtant si on recherchait pareille nourriture.

Seuls les spéculateurs éhontés dont j'ai parlé plus haut, les *fariniers* dépourvus de scrupules qui trafiquaient sur les misères du siège, s'étaient arrangé une existence dorée au milieu de la détresse générale ; ceux-là seuls ne manquèrent jamais ni de pain blanc, ni de dindes rôties, ni d'entremets sucrés ; et dans l'intervalle de leurs « nopces et festins », le bridge et le poker savaient charmer leurs loisirs. Il est vrai que les bombes qui sifflaient parfois à leurs oreilles jetaient un nuage noir sur le ciel serein de leur félicité. Mais quelque frayeur qu'ils en eussent, ils se disaient qu'après tout les bombes bulgares seraient bien mal venues de faire passer le goût du pain à des gens qui n'en manquaient point et qui en trafiquaient si avantageusement pour leur bourse.

Ce fut dans les premiers jours de mars que la famine commença réellement à mordre sur les assiégés. Les rues offraient un spectacle lamentable ; des mendiants, des loqueteux passaient çà et là comme des ombres, l'œil hagard, le teint

MILICIEN BULGARE

SOLDAT D'INFANTERIE DE RÉSERVE

terreux, si hâves, si maigres, si décharnés, qu'on s'arrêtait involontairement pour les voir passer. Tous ces misérables s'avançaient vers vous, la main tendue, non pour implorer une pièce de monnaie, mais simplement un morceau de pain. *Ekmek! psomi!* (du pain), tel était le seul mot qui sortait de leur bouche.

Les autorités essayaient de parer de leur mieux à cette situation alarmante. A force de perquisitionner chez les particuliers et dans les villages voisins, on était parvenu à mettre la main sur un certain nombre de sacs de froment destinés en majeure partie aux semailles; on les envoya à la mouture et, pour en multiplier le rendement, on composa un mélange invraisemblable de millet, de son, de maïs, de paille et de sorgho; on en distribuait quelques sacs à un petit nombre de fours et c'est là que se pressait tous les matins le troupeau d'affamés. Dans le nombre, des femmes de mise correcte; mais celles-là étaient loin d'être les plus favorisées. Pour arriver à happer au passage l'horrible galette qu'on distribuait, il fallait des muscles; c'était la force des coudes et du poignet qui arrivait à mettre en pratique cette règle de conduite : « D'abord moi, ensuite toi..... s'il en reste ».

Et c'était une scène digne des contes fantastiques d'Hoffmann, de voir toutes ces guenilles humaines, aux dents saillantes, dévorer gloutonnement cette sorte de lave noire où se détachaient en larges taches jaunes les graines de balai à peine moulues, tandis que ceux qui n'avaient pas eu leur part de ce régal tant disputé regardaient les autres le savourer avec des yeux de convoitise mouillés de larmes.

Les étrangers, eux, n'étaient pas arrivés à un tel degré de misère. Leurs consuls, qui se prodiguaient avec un dévouement inlassable, parvenaient toujours à leur procurer un peu de farine, de la qualité la plus infime, il est vrai, mais enfin suffisante pour leur épargner les tortures de la faim. Quant aux indigènes, grecs, juifs, arméniens, ils avaient la ressource de recourir, à la dernière extrémité, à la protection de leurs chefs religieux.

En Orient, pays imbu de l'esprit de culte, ce sont, en vertu d'anciens privilèges, les chefs des différentes communautés qui représentent auprès des autorités locales les intérêts collectifs de leurs fidèles. En présence des maux endurés par la population, il fut convenu qu'une délégation composée du mufti, du grand rabbin, du métropolite grec, de l'évêque bulgaro-catholique et de l'évêque arménien, se rendrait auprès de Chukri pacha pour lui exposer la situation désespérée d'une foule de familles et le prier d'aviser aux moyens de leur procurer quelque subsistance.

Cette entrevue eut lieu au fort de Hiderlik, où Chukri pacha avait fixé son quartier général. D'une extrême courtoisie, respectueux du caractère dont étaient revêtus ceux qui se présentaient devant lui, le soldat sur qui reposait la défense de la place reçut cette délégation avec les marques de la plus grande déférence. Quand il sut à quelle extrémité en était réduite la classe pauvre, de grosses larmes roulèrent dans ses yeux. Eut-il alors le pressentiment de la fin prochaine de la partie inégale qui se jouait depuis cinq mois autour d'Andrinople? Toujours est-il qu'il leva les bras au ciel et les laissa retomber dans un geste d'accablement.

— Dieu nous a abandonnés, murmura-t-il.

Il resta plongé quelques instants dans un silence que personne n'osait interrompre, puis, reprenant la parole, il promit de s'employer à procurer quelques vivres à la population civile. Et, de fait, après quelques perquisitions opérées chez des marchands avides ou dans des maisons aisées, on découvrit un stock de farine, de lentilles et de haricots qui furent distribués intégralement aux familles les plus dénuées.

C'est quelques jours après cette entrevue empreinte de la plus parfaite urbanité qu'une feuille parisienne, sur la foi de son correspondant de Sofia, publiait la nouvelle sensationnelle qu'à l'issue de la démarche collective du corps religieux Chukri pacha avait donné l'ordre de faire pendre le métropolite grec et l'évêque arménien. Etrange manière d'écrire l'histoire !

Une entrevue beaucoup plus mouvementée fut celle qui eut lieu, peu de temps après, entre le valy et une délégation des matrones du faubourg d'Ildérim. Ce quartier est une sorte de butte Montmartre, situé au nord-ouest d'Andrinople ; il sert de refuge à la classe la plus pauvre de la population grecque ; c'est en somme un quartier assez mal famé, peuplé d'ouvriers, de fainéants, d'amateurs de *raki*, de maritornes en rupture de service et de jolies filles, ma foi ! mais qui ne dépareraient pas le cadre de famille de feu Madame Angot. Or, quand le pain vient à manquer dans un pareil milieu, on doit s'attendre à des coups de tête assez violents. C'est ainsi qu'un beau matin un millier de ces Euménides en tablier, sans autre mandat que celui de la faim qui les talonnait, coururent brusquement au Konak et forcèrent la porte du valy, sans qu'il fût possible de contenir leur flot impétueux.

— Du pain, du pain, crièrent-elles de toute la force de leurs poumons. Vous êtes notre père, vous devez nous nourrir ; donnez-nous du pain !

— Il n'y en a pas, leur fit-on observer.

— Il nous en faut ! . . . nous crevons de faim.

Ailleurs, on leur aurait opposé la parole historique : « Mangez de la brioche ».

Le valy, plus judicieux, leur répliqua :

— Montrez-vous patriotes . . . éventrez vos paillasses, retirez-en la paille, faites-en des galettes . . . Vous aurez bien mérité de la patrie.

Parler de patriotisme à des femmes d'Ildérim ! Elles crurent qu'on se moquait d'elles. Ce fut alors un joli vacarme, une scène inénarrable où les cris, les menaces, les objurgations se croisaient dans l'air, tirés d'un vocabulaire qui n'aurait rien eu à envier à celui des halles. Comme on n'arrivait pas à s'entendre au milieu de ce tapage infernal, la scène risquait de tourner en bourrasque. On parvint cependant à calmer la fureur de ces suffragettes en ébullition, en promettant de leur faire distribuer quelques sacs de farine par l'entremise de leur évêque, promesse qui fut ponctuellement tenue. Mais qu'étaient-ce que quelques kilos de cette manne qui n'avait rien de céleste pour un faubourg de 5.000 habitants ? On ne comble pas un fossé en y jetant quelques cailloux.

Si la population civile était ainsi sacrifiée, s'inquiétait-on davantage — ce qui était autrement grave — de la subsistance du soldat ? On ne saurait l'affirmer. Les marchés conclus au début du siège pour la nourriture des troupes de la garnison ne pouvaient avoir d'effet que tout autant qu'on était pourvu de matière première.

EN GARE DE SOFIA. — UN TRAIN DE BLESSÉS VENANT DE TCHATALDJA

Environ 50.000 sacs d'orge et de blé, quantité de bidons de fromages du pays, de nombreux sacs de riz et de haricots, tels étaient les approvisionnements qu'on était parvenu à emmagasiner dans la zone fortifiée et qu'on destinait aux troupes. On pouvait en outre compter 20.000 têtes environ de bétail de boucherie, bœufs, veaux, moutons, à livrer aussi bien à la ville qu'à la garnison. A vrai dire, la viande n'a jamais fait défaut, même aux plus mauvais jours de siège. Mais l'Oriental y attache peu de prix ; pour lui, c'est le pain qui compte. Hors de là, point de salut.

Chukri pacha, plein de sollicitude pour ses hommes, avait donné l'ordre de leur fournir une nourriture abondante, sachant bien, suivant l'expression soldatesque, que « le courage est dans le ventre ». Sous la tente, dans les retranchements ou dans les casemates, l'ordinaire du soldat se composait de soupe, de viande, de légumes, de fromage et d'un kilogramme de pain par tête. Pour des hommes tirés des campagnes et d'une sobriété proverbiale, de tels repas prenaient des proportions de festins gargantuéliques. Mais les greniers les mieux pourvus, fussent-ils des greniers d'abondance, finissent par s'épuiser s'ils cessent d'être alimentés par des secours subsidiaires. Aussi, après trois mois de ce régime de vaches grasses, on arriva forcément au régime des vaches maigres.

Était-ce que les dépôts militaires étaient totalement vides ? On a prétendu — et je serais porté à le croire — qu'après la chute d'Andrinople, les Bulgares avaient découvert, dans les souterrains des forteresses et des mosquées, des provisions de bouche en quantités considérables. Les uns affirmaient que ces vivres formaient une réserve en prévision d'une plus longue résistance ; les autres, que l'officier d'administration préposé au service des subsistances les avait soigneusement cachés dans le but d'en faire une spéculation dont il n'aurait pas été le seul à bénéficier.

Quoi qu'il en soit, après cinq mois d'alertes, de combats, de privations de toutes sortes, le soldat ne mangeait plus à sa faim. Sa ration de pain d'un kilogramme était tombée à 50, puis à 25 grammes par jour. Si l'on ajoute qu'un hiver tardif et des plus rigoureux était venu roidir ses membres et lui souffler au visage ses haleines mortelles, on pourra se faire une juste idée de son état de démoralisation. J'ai vu plus d'un de ces malheureux tomber sous mes yeux en défaillance et, quand on arrivait à le ranimer, c'était toujours pour l'entendre demander un morceau de pain : *bir partchà ekmek.*

Quelques-uns, à bout de forces, désertaient chez l'ennemi, surtout parmi les non-musulmans. D'autres tendaient la main à la dérobée, imploraient la charité des passants. La masse, cependant, résistait héroïquement. Le fatalisme atavique semblait leur avoir créé une âme d'airain.

Jamais, chez ces croyants de l'Islam, aucun acte d'indiscipline ni de révolte. Il est même curieux de constater que, durant ces longs mois d'angoisses, tandis que la population civile faisait sonner haut ses récriminations et ses plaintes, l'homme de guerre, le combattant, c'est-à-dire la force brutale, se soit montré d'une douceur exemplaire. Il n'y a eu en ville, à ma connaissance, aux heures même les plus sombres, aucun fait répréhensible à imputer à l'élément militaire ; et ce fut un second mérite du commandant en chef d'avoir su maintenir l'ordre durant cette période critique où l'on pouvait craindre tous les excès de la part d'une garnison nombreuse, bien armée, soumise à tous les dangers, à tous les sacrifices, sans compensation aucune.

Ce ne sont pas seulement les hommes qui eurent à souffrir de la famine ; les animaux se ressentirent tout aussi cruellement du manque de nourriture. Les autorités militaires avaient réquisitionné, dès le commencement, toutes les bêtes de somme ou de trait, chevaux, mulets, buffles, bœufs, etc. La besogne de ces malheureuses bêtes était des plus rudes ; il fallait transporter tout un lourd matériel de campagne, distribuer les munitions aux forteresses, aux postes avancés, à travers des sentiers impraticables, parsemés de fondrières où le moindre faux pas pouvait être le dernier ; plus tard, les obus et la boue — une boue gluante et visqueuse — étaient venus s'en mêler, ajoutant aux difficultés de la tâche. A mesure que l'hiver avançait, l'herbe devenait plus rare, et quand la neige vint effacer les dernières traces de végétation, ce fut bien le prélude de l'agonie, l'image du drap mortuaire étendu sur le corps du moribond. Là aussi l'intendance accusait son même esprit d'incurie et d'imprévoyance ; les fourrages, la paille, l'avoine avaient été négligés comme tout le reste. Les chevaux des trains, les équipages d'artillerie, composés de superbes bêtes achetées en Hongrie, n'avaient plus la force de faire rouler les canons ; les buffles aux puissantes carrures, capables de traîner les plus lourds fardeaux, commençaient à fléchir sous leurs attelages ; les bœufs aux muscles d'acier, au jarret de fer, se traînaient péniblement, montraient leur squelette ; on pouvait, à travers la maigreur de leur corps, compter les os de leurs côtes. Quelle nourriture donner à ces milliers d'animaux qui s'en allaient, à travers des champs dénudés, chercher un brin d'herbe que l'impitoyable cruauté des éléments avait fait disparaître ?

La foule d'émigrés venus en ville dans leurs roulotes voyaient les bêtes qui les avaient traînés jusque-là, et qui composaient leur dernière ressource, s'abattre tous les jours sous leurs yeux, dans les convulsions de la faim. Les chevaux étaient devenus d'une maigreur apocalyptique. J'ai souvenance d'avoir vu, un jour, en pleine rue, une de ces pitoyables rossinantes, les os lui sortant de la peau, tomber tout à coup comme une masse, la langue pendante et baveuse, les yeux vitreux et déjà clos. Une vieille femme turque, la propriétaire sans doute, pleurait à côté de cette bête expirante. Des passants, émus de pitié, cherchèrent à remettre sur pieds la pauvre haridelle. Ce fut peine inutile ; quelques pas plus loin, elle tomba pour ne plus se relever.

Il en était ainsi tous les jours dans la période qui précéda la chute d'Andrinople. On compta jusqu'à 5.000 têtes de bétail et de bêtes de somme que les Turcs durent abattre pour ne pas les laisser périr de faim. Les cadavres de ces animaux étaient pour la plupart jetés dans les fleuves ; quand on en était trop éloigné et qu'on se voyait dans l'impossibilité de les traîner jusque-là, ces cadavres étaient laissés sur place pour servir de pâture aux chiens affamés, aux bêtes féroces et aux oiseaux de proie. Les alentours de certaines forteresses étaient devenus de véritables charniers d'où se dégageaient des odeurs pestilentielles. Les maladies épidémiques trouvèrent là un véritable terrain de culture ; elles ne tardèrent pas à se développer, ajoutant leur virus mortel à tous les maux qu'on avait endurés jusque-là.

C'est dans ces circonstances que se présenta l'aventure d'un intéressant aliboron. Il appartenait à cette race bien charpentée des ânes d'Anatolie que les connaisseurs orientaux tiennent en si haute estime. Son maître était un mollah de village ; il était parvenu, à force d'économies, à se payer le luxe de cette solide échine, et ce n'était pas sans quelque fierté qu'il l'enfourchait le saint jour de vendredi pour aller réciter les prières rituelles à la mosquée ou chanter les gloires d'Allah du haut du minaret. Cela fait, il se remettait en selle, traversait gravement les rues de son village, et les fidèles qui le voyaient passer ainsi campé saluaient aussi bas le cavalier que la monture, le maître que l'animal. Celui-ci était tout honoré de celui-là et celui-là lui rendait la politesse en le comblant des soins les plus assidus. Bref, rien ne manquait à leur félicité.

Mais les mauvais jours étaient venus; la guerre, les incendies, les pillages, mille autres cruautés.... Le village du mollah était situé dans le rayon où opérait l'armée ennemie. Il fallut s'en aller loin, là-bas sous les murs d'Andrinople, se mettre sous la protection des canons de la place et chercher un refuge assez sûr pour laisser passer l'orage. Les 20 ou 30 kilomètres qu'il fallait parcourir furent vite franchis. Le baudet avait conscience, eût-on dit, de la gravité de la situation; il prit sa plus belle allure et ce fut au prestissimo d'un amble aisé qu'il traversa les longues lignes des convois des mohadjirs, laissant bien loin derrière lui les lourds arabas à buffles ou à bœufs chargés de familles d'émigrés qui fuyaient aussi l'approche de l'envahisseur.

Le mollah est en Turquie un personnage vénéré; il est presque revêtu d'un caractère sacré puisque c'est lui qui enseigne aux enfants la lecture du Coran. Aussi notre homme fut-il accueilli à Andrinople avec des marques de respect; dans cette ville qui ne manque ni de mosquées, ni de fondations pieuses, il fut logé chez ses pairs, hommes de loi comme lui; on y casa aussi son fringant compagnon. Tant qu'il y eut une croûte de pain et une ration d'avoine, elles furent servies à souhait à l'un comme à l'autre. Quand le garde-manger et les râteliers commencèrent à se vider, leurs deux appétits furent encore respectés. Quand enfin on en vint aux dernières extrémités, on trouva toujours moyen de les tirer d'affaire, grâce à de puissantes influences dans le monde civil, militaire et religieux. Le mollah serait mort de faim plutôt que de laisser son âne manquer de nourriture. Aussi ce dernier, à l'encontre des autres animaux, gardait-il un embonpoint à faire sécher d'envie les maigres hères qui le regardaient. Mais un jour, jour néfaste! son maître, ayant été dire ses prières à la mosquée de Sultan Sélim, s'aperçut, en sortant de là, que sa monture avait disparu. Comment cela?

Oh! bien simplement. Un maraîcher grec de Marache avait aperçu l'animal attaché aux barreaux d'une des fenêtres de la mosquée. Il fut séduit par sa bonne mine; précisément on avait réquisitionné son âne. Bien que la stagnation de son commerce ne lui imposât pas la nécessité de se munir immédiatement d'un nouveau compagnon, celui-ci lui paraissait cependant réunir toutes les conditions requises pour faire, le moment venu, un excellent moyen de transport. Le détacher, l'enfourcher, et le pousser tout de go chez lui, fut la chose la plus simple du monde. Qui pourrait l'accuser d'avoir transgressé les lois de la propriété? On vivait à une époque où on avait perdu la juste notion du *tien* et du *mien*, et par ce temps de famine, c'était peut-être obliger le propriétaire que de lui enlever son âne.

Le soir même, le quadrupède fut remisé dans une étable qui servait également de chambre à coucher à son ravisseur. Mais de pitance, point; l'herbe manquait totalement et le maraîcher était loin d'avoir les ressources du mollah. Quoique possesseur de quelques terrains à plantation, le bonhomme y récoltait, pour le moment, beaucoup plus d'éclats d'obus que de légumes. Aussi laissait-il ses champs en friche. Alors commença pour le pauvre baudet une vie d'épreuves et de souffrances. On était à la dernière période du bombardement. Le villageois, craignant les accidents, se terrait des journées entières chez des amis, passait sa vie dans les souterrains, oubliant son malheureux prisonnier dans son réduit ou n'osant pas aller s'enquérir de ses besoins qui étaient grands, comme bien on suppose. S'il lui avait été donné de raisonner, notre onagre se serait certainement demandé pour quel motif on l'avait enlevé à son maître légitime qui ne le laissait manquer de rien, pour le jeter dans une écurie où on le laissait manquer de tout. Le raisonnement eût été des plus justes. Mais il n'est donné aux ânes de raisonner que par exception, et celui-ci ne devait pas tarder à prouver qu'il n'était pas aussi dépourvu d'intelligence qu'on pouvait bien le supposer.

Un jour que, tenaillé par la faim, il sentit son estomac protester de tout ce qui lui restait de force contre ce jeûne prolongé et nullement obligatoire, il eut une idée lumineuse. Laquelle ? Il mit tout simplement en pratique le conseil que le valy avait donné aux femmes d'Ildérim : il avisa dans un coin la paillasse qui servait de matelas à son illégitime propriétaire, il s'en approcha, flaira la paille qui débordait de quelques crevasses et se mit aussitôt en devoir de la dévorer. Au bout de quelques jours, la paillasse n'était plus qu'une loque, mais l'âne avait mangé.

Lorsque le maraîcher, profitant d'une accalmie, rentra dans son étable, il ne tarda pas à s'apercevoir des atteintes portées à son grabat. Le coupable ? Il n'était pas loin ; les yeux demi-clos, les oreilles rabattues, il se tenait là dans une apparence de béatitude, le museau encore tout barbouillé de cette paille bienheureuse qui l'avait sauvé de la faim. Mon Dieu, la faute, si faute il y avait, était en somme des plus vénielles. Mais le maraîcher était de ces gens qui pensent qu'on peut faire aux autres ce qu'on ne doit jamais leur faire à eux-mêmes. Dévorer sa paillasse ! manger la paille d'autrui ! Il y a belle lurette que La Fontaine a prévu le cas. Furieux de cette violation du principe de la propriété, sans tenir compte des circonstances atténuantes, cet homme cruel s'empara d'un bâton, traîna l'âne dehors et commença à lui administrer une vigoureuse correction.

Mais l'autre, ayant mangé, avait retrouvé des forces et, ayant retrouvé des forces, il retrouva du jarret. Fuyant les coups, après une belle ruade, il prit la clef des champs de son allure des grands jours. Ce fut alors une sorte de course au clocher à travers des terrains accidentés, nus, déserts, creusés de fossés et de sillons où l'homme butait à chaque pas. Il ne persista pas moins à vouloir se saisir du coupable, poussant de grands cris et faisant siffler son bâton dans les airs, quand soudain un formidable coup de tonnerre éclata au-dessus de sa tête ; c'était un shrapnell bulgare qui venait faire son œuvre de destruction et de mort.

Le maraîcher eut la tête fracassée, l'âne, lui, fut sauvé. . .

La Justice immanente !

On n'a pas su me dire si le mollah retrouva son âne.

Sépultures des morts bulgares de Kulle Bourgas

LA MILICE DE ROUSTCHOUCK

DANS ANDRINOPLE BULGARE

PAR GUSTAVE BABIN

CORRESPONDANT DE GUERRE DE " *L'ILLUSTRATION* "

DANS UN TRAIN MILITAIRE. — L'IRRÉSISTIBLE ANDRINOPLE. — A LA RECHERCHE DES TRACES DU BOMBARDEMENT. — L'ATTAQUE ET LA DÉFENSE. — L'ASSAUT SUPRÊME. — VISION D'ENFER. — LA CHUTE DE LA PLACE. — ON GUETTE LE DRAPEAU BLANC. — A QUI SE RENDIT CHUKRI PACHA ? — L'ÉPIDÉMIE APRÈS LA GUERRE. — LE CHARNIER DE LA TOUNDJA.

Ce n'est pas sans quelque émotion qu'on s'approche d'une ville qui vient de subir, six mois durant, toutes les misères, toutes les rigueurs d'un siège. L'invraisemblable lenteur du train qui nous emmenait accroissait encore notre nervosité.

Train militaire, bien entendu : depuis la première heure des hostilités, l'état-major bulgare, comme, d'ailleurs, ceux de tous les autres pays belligérants, avait mis la haute main sur toutes les voies ferrées, allongeant son domaine au jour le jour, à mesure que l'armée victorieuse s'avançait au cœur de la Turquie envahie. Les « civils » n'étaient plus admis dans les wagons qu'avec son assentiment, difficilement accordé ; car le matériel en service suffisait à peine aux besoins de l'armée, maintenant surtout qu'Andrinople prise, il fallait pourvoir au rapatriement des alliés serbes, enchantés et pressés de rentrer chez eux, l'œuvre commune accomplie.

J'avais pour compagnons de voyage un groupe de députés bulgares, qui s'en allaient, parlementaires zélés non moins qu'ardents patriotes, visiter la ville nouvellement conquise, en prendre possession, en quelque sorte, au nom du « peuple souverain ». C'étaient d'aimables hommes, parlant, pour la plupart, excellemment le français, et manifestant pour notre pays une chaleureuse sympathie : aujourd'hui que le monde est d'accord pour tomber sur le Bulgare, il est équitable de dire ces choses. Ils m'accueillirent avec la plus parfaite urbanité, — mieux, de la cordialité. Et leur protection ne me fut pas inutile pour arriver jusqu'au bout de mon voyage.

Mais quel voyage, à tout instant coupé d'arrêts interminables dans des stations perdues, pour attendre et laisser passer quelque train de blessés, quelque train de Serbes ! Il me semblait que nous n'arriverions jamais.

Notre convoi emmenait au front des vivres et des munitions encore. On nous y avait admis par grâce, dans le fourgon, avec quelques pauvres vieilles gens, des pères, des mères courant là bas au chevet d'un enfant malade ou blessé.

De quelle allure nous traversions ces champs, bien cultivés, malgré la guerre, par ceux qui demeuraient au village, tous s'entr'aidant, se solidarisant pour assurer la vie du pays et afin de donner du pain aux héros prêts à rentrer dans leurs foyers, ces rizières pareilles, avec leurs cloisonnements de terre, aux marais salants de nos côtes et à leurs « œillets » ! Tout doucement, bien doucement, nous vîmes passer à notre gauche les Balkans altiers, couverts de neige, ces Balkans dont le nom, désormais, sonnera plus lugubrement que jamais aux oreilles des hommes ; puis, à notre droite, les Rhodopes, moins imposants mais plus sauvages, hantés de peuplades irréductibles, et où bien du sang, peut-être, coulera encore, avant que ceux qui les garderont les aient dominés.

Enfin, au soir du deuxième jour après notre départ de Sofia, Andrinople nous apparaissait, au soleil déclinant, au fond d'une plaine où frissonnaient, à l'air déjà plus tiède, des saules empanachés de verdures printanières : c'était le 2 avril.

L'admirable, la radieuse vision ! Allongée au creux de la molle vallée, languide ainsi qu'une convalescente, vêtue de gris de lin, de mauve pâle, de bleu doux, ceinte d'argent par ses trois rivières, indécise, derrière le voile vert tendre de ses trembles et de ses saules, Andrinople attirait, elle enchantait. Sa mosquée dominatrice, Sultan Sélim, l'une des plus rares merveilles de l'architecture musulmane, dressait orgueilleusement dans le ciel défaillant sa coupole à l'orbe harmonieux et le quadruple miracle de ses minarets sveltes, lancés vers le zénith comme des javelots. Et, rassurés désormais sur son sort, remis des inquiétudes qu'avaient pu nous donner les premières et hâtives narrations de sa chute aux mains des Bulgares et des Serbes, nous nous disions que nous avions été bien fous de nous alarmer ainsi, et de concevoir seulement la possibilité que des hommes d'à présent, des hommes qui se réclament de la culture qu'ils sont venus chercher dans la douce France, avaient pu insulter à tant de beauté.

On a dit du bombardement d'Andrinople par les armées coalisées qu'il avait été « méthodique ». En effet, par bonheur ! Il eut beaucoup plus comme objectif, m'a-t-il semblé, d'effrayer la population civile, de la contraindre à faire pression sur les défenseurs, que de détruire. Les obus se sont promenés, pour ainsi dire, de quartier en quartier, un jour après l'autre. Ce fut, pour réemployer une expression maritime, une série de « coups de semonce ». Mais si l'on avait voulu un bombardement destructif, si l'on avait dirigé sur la ville assiégée un feu comparable à celui dont j'allais voir, plus tard, les effets sur les forts sérieusement attaqués, au moment de l'assaut final, il ne fût pas resté, de la vieille capitale ottomane, pierre sur pierre.

Au lieu de cela, qu'avons-nous vu ? Il fallait chercher, vraiment, les traces du bombardement. De ci, de là, une façade trouée d'une brèche, une corniche écornée ; dans les rues, quelques trous. On nous montrait presque comme des curiosités ces dégâts. C'eût été à nier l'efficacité des bons canons du Creusot, — à moins qu'on ne voulût douter de l'habileté des pointeurs bulgares. La pire ruine que j'aie découverte, — je ne parle que de ce que j'ai vu, — c'était, tout près de la mosquée du Sultan Sélim, une masure absolument effondrée, par un seul projectile, probablement.

Dans la mosquée même, une plaie seulement : un obus a défoncé la coupole superbe et est venu ébrécher le pavement de marbre, au bas de l'un des audacieux piliers. Pourtant, quel objectif, ces quatre minarets qui dominent la plaine basse comme des phares la falaise,

ANDRINOPLE. — SOLDATS BULGARES VISITANT LA MOSQUÉE SULTAN SÉLIM

PRISONNIERS TURCS

et qu'on aperçoit de tous les points de l'horizon ! D'ailleurs, n'eût-il pas fallu que les assaillants fussent des fous, pour anéantir, comme ils le pouvaient trop aisément, cette belle cité de quatre-vingt mille âmes qu'ils convoitaient si ardemment.

Je ne révoque pas en doute, toutefois, la sincérité des assiégés, ni ne discute les relations très dramatiques qu'ils nous ont données de leurs angoisses. Mais il faut faire la part de la fièvre obsidionale, qui surexcitait les imaginations de pauvres gens pendant six mois isolés du monde, rationnés, privés des mille douceurs qui parfois rendent la vie presque aimable. Leurs terreurs ne furent que trop réelles, et les plus endurcis d'entre eux, les plus vaillants souffrirent cruellement.

De ce cauchemar, il ne demeure, quand nous entrons à Andrinople, que le souvenir, et aussi des rancunes très vives. Mais par la cité, la vie normale a repris.

Dès la gare se voit le premier indice de l'occupation bulgare : on a repeint l'écriteau indiquant le nom de la ville, et, par-dessus les caractères turcs qui reparaissent sous la couche fraîche encore, une main malhabile a tracé ce vocable bulgare : *Odrin.*

Odrin, donc, a, par ce soir printanier, je ne sais quel air d'allégresse, de bambochc. Les denrées dont on fut si longtemps sevré s'étalent en abondance aux éventaires, appétissantes, tentatrices. Des marchands de friandises, à chaque pas, sollicitent de leurs appels nasillards les clients qui flânent, et leurs *loukoums* givrés semblent bien appétissants. A chaque boutique, des caisses de sucre, grandes ouvertes, scintillent avec des reflets bleus pareils aux ombres des glaciers, au couchant. Aux carrefours arrivent les rumeurs de cabarets qui chantent — car on annonce que la paix est prochaine. N'étaient les soldats bulgares déambulant, curieux, désœuvrés, en uniformes fanés par la guerre, poussiéreux, déchirés parfois, vainqueurs bien sages, les patrouilles au pas lourd qui vont et viennent, la sentinelle qui veille, symbole de la conquête, au péristyle clos de Sultan Sélim, jamais on ne se croirait dans une ville emportée de haute lutte depuis si peu de jours. Même les étendards aux couleurs bulgares, — blanc, vert et rouge, — qui s'éploient au vent du soir, aux minarets de la mosquée, vide de fidèles depuis une semaine, continuent à donner une illusion de fête.

Pourtant, au bout d'un moment de promenade par ces rues calmes, on s'inquiète d'un détail, insignifiant en soi, au premier abord, mais dont la répétition finit par obséder : ce sont, sur d'innombrables portes, sur des volets clos, ici tracées à la craie en hâte, d'une main hésitante, là soigneusement peintes, des croix. On songe à la marque sanglante de la Pâque biblique. Qu'a-t-on donc redouté à ces foyers qui semblent aujourd'hui déserts ? quel fléau ? quels pillages ? quels massacres ?... Comme si les temps étaient encore des sacs et des égorgements !...

Eh bien ! réellement, on a pillé, paraît-il. Mais ces croix, dit-on aussi, étaient insidieuses. En recommandant aux frères en Jésus qui arrivaient certaines demeures comme sacrées, elles désignaient les autres, celles que ne protégeait point le signe du salut, aux appétits inévitables, aux rapines. Et il y eut, après des beuveries entre coreligionnaires, des incitations malsaines, écoutées par quelques-uns : la menace de pendaison haut et court fit vite rentrer tout dans l'ordre. Ces croix, d'ailleurs, nous les retrouverons, chemin faisant, sur les tarbouchs verts de plus d'un soldat ottoman.

Quand j'arrivai à Andrinople, il y avait huit jours déjà que la place était aux mains des Bulgares. Mais les traces de l'assaut farouche qui la leur avait livrée n'étaient encore que

LE FOSSÉ DU FORT D'AIVAS-BABA. — SECTEUR EST D'ANDRINOPLE

trop visibles. On en lisait les péripéties sur le terrain de la lutte comme dans un livre grand ouvert. Les claires explications d'un guide intelligent, qui avait suivi les opérations à l'état-major, M. Grigor Vassilef, — dans la vie civile avocat à Sofia, — allaient me permettre de reconstituer aisément la phase finale, si puissamment dramatique.

L'armée assiégeante comprenait 40.000 hommes, Bulgares et Serbes, ceux-ci sous les ordres du général Stepan Stepanovitch, ceux-là des généraux Vasof, pour le secteur de l'Est, et Kirkof pour le secteur Sud, sous le commandement suprême du général Ivanof. Ils avaient à occuper un front de 40 kilomètres environ.

Andrinople était défendue par 58.000 hommes, environ, au début du siège. Le commandement était aux mains d'un chef héroïque, Mehmed Chukri pacha, que ses soldats ont surnommé *deli* Chukri, — le fou Chukri, — à cause de son intrépidité, de sa froide résolution poussée jusqu'à l'aveuglement. Il apparaît qu'un homme de cette trempe, intelligent, au reste, et cultivé, ancien camarade, à l'université de Bonn, de l'empereur Guillaume II, s'il eût été secondé, s'il eût pu s'appuyer sur une bonne organisation préalable, s'il eût eu, enfin, les moyens d'action que méritait son caractère, sa foi ardente, eût dû résister victorieusement jusqu'au bout, jusqu'à la paix, et sortir victorieux de ce siège. Mais, hélas ! il y avait l'impéritie turque, facteur terrible dans une pareille lutte. Ce fut elle, qui se manifestait déjà avant la guerre, à tout bout de champ, dans la ville, du palais inachevé du gouverneur aux trottoirs ébauchés, ce fut elle qui perdit Andrinople — et la Turquie !

Andrinople était ceinte d'un ensemble de vingt-quatre positions fixes, complétées par toute une série de batteries ou d'ouvrages établis probablement depuis le commencement des hostilités. De l'avis des militaires, aucun de ces forts, chargés de protéger une place qui tenait si fort au cœur des Ottomans, n'avait grande valeur. Ce fut pour les vainqueurs, quand ils y parvinrent, une déception. Point de ces modernes coupoles blindées qui seules offrent au projectile une efficace résistance ; peu de béton, et sur quelques points seulement. Partout ailleurs, des remparts de briques et de terrassements, des épaulements chargés de sacs de terre, des ouvrages de plans désuets, entretenus... *alla turca ;* tout cela armé, toutefois, d'une bonne et nombreuse artillerie, et toujours précédé des classiques réseaux de fils de fer barbelés. Mais enfin, de l'improvisation, partout. D'ailleurs, des positions naturelles bien choisies, très favorables, très fortes. En résumé, j'incline à croire que si les assiégeants s'étaient, dès le début, rendu un compte exact de la valeur de la place, s'ils avaient, au prix de sacrifices à peine plus grands que ceux que leur a coûtés l'assaut décisif, brusqué leur attaque, ils auraient pu, beaucoup plus tôt, avant l'armistice, qui ne fit que laisser à l'adversaire le temps de s'organiser, enlever Andrinople. Le manque de grosse artillerie les arrêta, a-t-on dit : ils durent attendre que les Serbes, rendus libres d'autre part, leur vinssent apporter leur appoint. Enfin, l'hiver, avec son manteau de neige qui rend plus sensibles les reliefs, dessine des ombres plus accentuées, leur permit de repérer plus exactement les défenses, d'en évaluer mieux la force.

Un mois après l'échec des négociations de Londres, ils avaient préparé à fond la suprême attaque, concentrant contre le point faible de la place, le « saillant Nord-Est », constitué par trois forts, Tash-Tabia, Aïvas-Baba-Tabia et Aïdjioulou-Tabia, cent pièces d'artillerie, quatre-vingt-huit de campagne et douze de siège, avec leur approvisionnement de munitions : trente mille obus. Chose merveilleuse, et qui révèle encore une des lacunes de la défense, tout cela put se préparer, ces forces écrasantes purent être accumulées, au prix de lents et difficiles charrois, à quatre kilomètres du but, sans que le plan fût éventé, sans que rien fût tenté contre sa réalisation.

Le lundi 24 mars, tout était prêt. Le général Ivanof pouvait déclancher l'attaque. La canonnade reprit avec une fureur accrue. Les obus, les shrapnells, plus nombreux que jamais, recommencèrent à vriller l'espace. Tant que dura le jour, leur sifflement déchira l'air. Puis, à la nuit close, le silence se fit. De part et d'autre, on sembla se recueillir. Cependant les Bulgares ne demeuraient pas inactifs.

Il leur fallait d'abord enlever la position avancée de la défense vers l'Orient, Maslak (ou Mal-Tépé), où était un groupe puissant. A la faveur de cette sorte de trêve, et protégée par les ténèbres, l'infanterie, dès la nuit tombée, commença le passage d'un petit cours d'eau qui lèche le pied de la colline de Mal-Tépé, et, en rampant, s'avança jusqu'à quatre cents mètres du but. Puis, tapie là, elle attendit le jour. A la première pointe de l'aube retentit le cri farouche, si souvent entendu au cours de cette campagne qu'il en est devenu populaire jusque chez nous : *Na noché!* — « A la baïonnette! » Les Turcs, surpris, abandonnèrent la place sans presque un simulacre de résistance, — ceux du moins qui purent s'enfuir, car on fit bon nombre de prisonniers. Ils laissèrent sur place leur artillerie, aussitôt retournée contre eux pour les hacher dans leur fuite et bientôt attaquer les forts de la grande ligne.

Et le combat se continua tout le jour sur tout le périmètre, se précisant peu à peu vers le point vulnérable où l'on avait résolu de faire la trouée. Alors que, la veille, pour masquer ses desseins, égarer l'attention des défenseurs, par une ruse vieille comme le monde, et qui apparaît puérile, quand on y songe, mais qui réussit pourtant, une fois de plus, le général Ivanof faisait cribler d'un feu intense tous les secteurs à la fois, semblant plutôt ménager le saillant Nord-Est, comme s'il eût dédaigné d'accabler ce point faible, en cette seconde et suprême journée, au contraire, il fit donner à fond contre Aïvas-Baba et ses deux voisins, Tash et Aïdjioulou, la redoutable artillerie qu'il avait accumulée devant eux. Perpendiculairement aux deux faces du triangle que dessinaient, à trente ou quarante mètres au-dessus de la vallée, ces trois forts, les feux des cent canons se croisèrent, déversant sur cet infortuné coin de terre un déluge de fer et de flammes. Quel ne dut pas être l'affolement des malheureux canonniers turcs, sous cette trombe! Ils étaient bloqués là, sur cet éperon de terre, comme sur un vaisseau en plein océan. La grêle des projectiles couvrait la plaine dévalante, afin d'éviter même à des secours toute possibilité d'arriver, comme d'empêcher toute fuite. Quelles heures angoissantes ils durent vivre, avant de succomber — ce qui fut le lot de la plupart! Ce dut être vraiment, avant la mort, une sensation d'enfer.

J'ai parcouru ce coin maudit. On se hérissait de toute sa chair à imaginer tant d'épouvante : la terre éventrée, hachée, mouchetée par la poudre d'étranges marbrures, était calcinée comme si le feu du ciel lui-même y avait sévi. On se sentait impuissant à se représenter le cataclysme qui avait laissé de son passage de telles traces. On évoquait les catastrophes vengeresses de l'Ecriture, laissant à jamais infertile le sol sur lequel s'était appesantie la colère divine, et ces emplacements de cités antiques rasées, plus tard ensemencés de sel par de haineux vainqueurs. Ce promontoire foudroyé par la guerre nous apparaissait, avec les souvenirs tout frais qui le hantaient, comme le lieu le plus horrifique du monde.

Ceux qui le défendaient sauvèrent du moins l'honneur et tombèrent héroïquement — comme doit tomber un fier soldat du Croissant. Ils luttèrent jusqu'au soir, lentement décimés. Puis leur feu diminua, les servants manquant aux pièces. Au déclin de cette journée d'horreur, ils ne répondaient plus que faiblement aux coups qui les écrasaient. De temps en temps, un canon partait, sous l'effort désespéré de quelque bras roidi comme dans un spasme, que n'avait pas encore annihilé la mort ou la folie. Le spectacle que présentaient, le lendemain, ces tranchées remplies de cadavres, ces talus rougis de sang, attestait l'épique vaillance des Ottomans.

A la nuit, c'en était fait de toute résistance. Alors, les assaillants, pour l'assaut final, se massèrent au pied de la colline, tandis que leur artillerie continuait d'accabler le saillant désormais muet, où attendaient encore, stoïques, farouches, les fantassins du Croissant. Les ténèbres tombées commença l'escalade, la charge irrésistible.

La brigade, composée des 10e et 23e régiments d'infanterie, sous le commandement du colonel Khardjief, se rua, hurlante, sur Aïdjioulou, le plus facilement abordable des trois forts, et, tailladant à l'aide des baïonnettes courtes comme des coutelas, des pelles de terrassement, là où les obus ne l'avaient pas suffisamment entamée, la trame savante des fils de fer barbelés, submergea comme une avalanche le malheureux fort. Mais quelles hécatombes encore, parmi ces braves que fusillèrent et mitraillèrent à bout portant les irréductibles défenseurs. Même Aïdjioulou touché, il fallut emporter encore de vive force ses deux voisins Aïvas-Baba et Tash-Tabia. De monstrueux tumulus, autour de nous, bosselaient le plateau tragique. La seule brigade Khardjief avait trois cent dix morts et deux mille blessés, et l'on releva, sur cet étroit triangle, deux mille cadavres turcs accumulés en grappes.

La soudaineté, la violence de cette attaque brusquée en avaient assuré le succès. Aïvas-Baba-Tabia aux mains des Bulgares, c'était la ville grande ouverte devant eux. La lutte, désormais, ne se prolongea guère. Les derniers forts du front Est tombèrent avec une telle rapidité qu'à peine arrivait-on à signaler par téléphone, au quartier général, leurs redditions. Pareillement, la seconde ligne s'écroula, pour ainsi dire.

Cependant, c'était en vain qu'on guettait, à l'un des minarets de la mosquée du Sultan Sélim, l'envol du drapeau blanc qui annoncerait que les vaincus se résignaient à leur défaite. Dix fois des yeux hallucinés par la fièvre le crurent apercevoir. Il apparut seulement à 9 heures du matin, là où on ne l'attendait pas : au sommet d'un des pylônes du télégraphe sans fil de Hadirlik-Tabia, le fort le plus rapproché de la ville, à l'Ouest. C'est de là que l'indomptable Chukri avait dirigé jusqu'au bout la résistance. Les troupes du roi Ferdinand étaient près, déjà, de franchir le seuil d'Andrinople. Mais jusqu'à midi encore, tels forts auxquels n'était point parvenu l'ordre de cesser le feu, ou bien qui refusaient de souscrire à la défaite, continuèrent de tirailler vers l'Occident. L'écho du dernier grondement du canon ne s'éteignit qu'à une heure.

Cette chère victoire jetait aux mains de l'ennemi bulgare près de cinquante mille prisonniers, dont quatorze généraux et deux mille officiers, seize drapeaux, plus de six cents pièces de canon, cent mille fusils et une profusion inouïe de munitions. Elle lui avait coûté douze mille cinq cents hommes hors de combat, dont deux mille cinq cents morts.

Sur les dernières heures de la résistance, on a eu, du côté turc, peu de détails. De même on n'est pas fixé sur les conditions dans lesquelles le vaillant Chukri pacha se rendit à ses vainqueurs : Serbes et Bulgares se sont vantés avec la même énergie de l'avoir reçu prisonnier. Un cliché photographique impressionnant, pris par mon obligeant cicerone, M. Grigor Vassilef, nous l'a montré, toutefois, arrivant à l'entrée d'Andrinople, sur la route de Kirk-Kilissé, auprès du général Ivanof.

Toujours est-il que, le lendemain, le colonel Markolef, chargé de conduire à Sofia, où il allait demeurer prisonnier jusqu'au mois d'octobre, l'ancien commandant en chef d'Andrinople, arrivait avec lui, en voiture, à la gare de Mustapha-Pacha, devenu Svilengrad, ou la Ville de Soie. La cour, le quai étaient remplis de soldats bulgares, de blessés qu'on évacuait et qui avaient versé leur sang pour conquérir Andrinople.

Une rumeur de colère gronda dans les rangs pressés de ces hommes, chez qui s'assoupissait à peine la fièvre de la bataille. Une rafale de cris, d'exécrations s'éleva, déferla, sous laquelle se courba le front de l'impavide héros. Sur ses joues bronzées, on vit couler des larmes. L'inexorable *deli* Chukri était entamé. Cette réprobation dont il se sentait tout à coup environné venait de fondre le triple airain qui avait protégé de toute défaillance son âme hautaine, au cours de la longue et magnifique lutte qu'il avait soutenue six mois durant.

Les derniers ordres donnés par Chukri pacha avaient été de détruire les magasins d'approvisionnements et de faire sauter le pont jeté sur l'Arda pour le passage du chemin de fer. On les lui a reprochés comme une inutile barbarie. C'était réellement son strict devoir, sa suprême protestation contre le sort impitoyable, l'ultime manifestation de sa constance.

Ces deux résolutions désespérées allaient, malheureusement, se retourner contre ses hommes, ses frères d'armes, plus cruellement que contre l'ennemi.

La destruction du pont de l'Arda rendait singulièrement difficile le ravitaillement

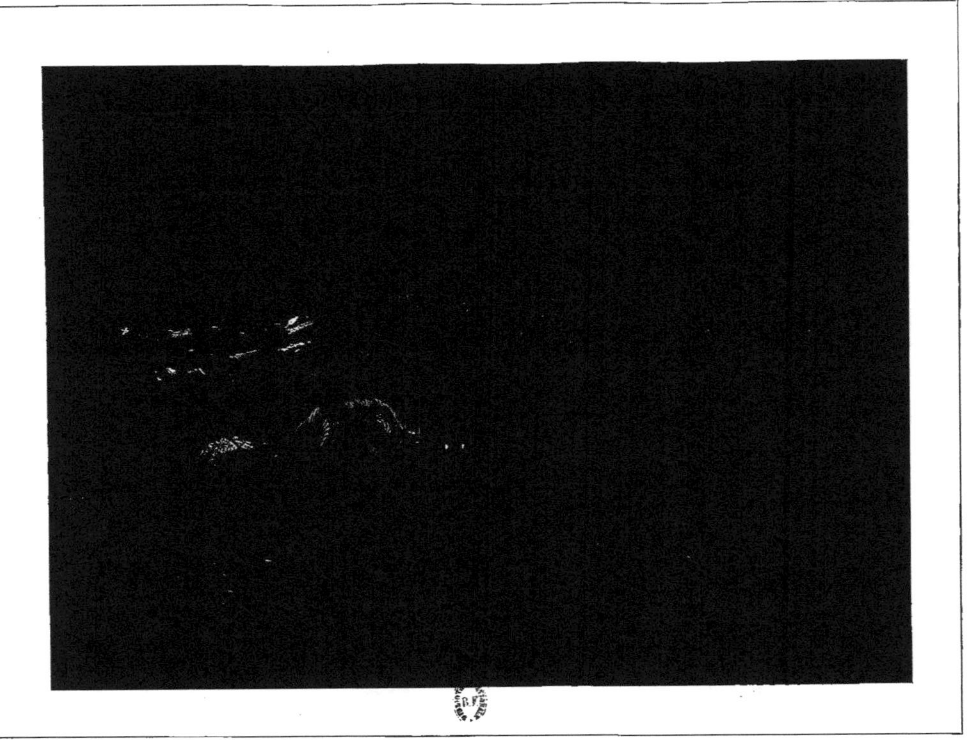

LULLE-BURGAS. — LES CHIENS SE REPAISSENT SUR LE CHAMP DE BATAILLE

d'Andrinople, affamée déjà, et où venaient de s'entasser, par surcroît, les vainqueurs. L'incendie des magasins anéantissait les dernières réserves. Si bien que la victoire bulgare, loin de mettre un terme aux souffrances des assiégés, les aggravait au contraire. Alors, conséquence naturelle de tant de misères, la maladie, l'épidémie vint couronner l'œuvre de la guerre, mettre le comble à tant d'abominations.

Devant ce surcroît de maux, les Bulgares étaient désemparés. Ils durent se borner à isoler les malades, à préserver, s'il se pouvait, de la contagion la population saine.

Il est, au nord de la ville, au milieu de la Toundja, qu'enjambe un vieux pont de pierre grise, une île souriante, au renouveau, dès qu'y bourgeonnent les saules glauques et les trembles d'argent. A travers les branchages reverdissants, les jeunes feuilles qui se défripent au soleil, on aperçoit, vision enchanteresse dont l'œil ne se rassasie pas, Sultan Sélim et ses quatre minarets jaillissants. Sur l'île même, quelques monuments vétustes, une tour branlante, une mosquée déserte qui évoquent, en ce site aimable, le ressouvenir de ces jardins savamment apprêtés chers aux contemporains de Jean-Jacques, avec leurs fabriques, leurs temples, leurs ruines artificielles. Ce fut là qu'on parqua les prisonniers trop débiles pour suivre ces convois que nous avions vus, le long des routes, se diriger vers l'intérieur de la Bulgarie, où ils allaient être disséminés de ville en ville. En quelques jours, cette jolie langue de terre, au milieu des eaux vives, devint un domaine dantesque, un séjour d'épouvante et d'horreur.

Hélas! on n'avait pas d'abris suffisants à donner à ces malheureux. Pas de pain, non plus, ou à peine. Ils connurent le froid, la faim, des souffrances pires que celles qu'ils venaient d'endurer. Et l'espoir de vaincre ne les soutenait plus. Épuisés par les fatigues de la lutte, tombés au dernier degré de la misère physiologique, quelles proies c'était pour les fléaux qui suivent presque inévitablement la guerre : dysenterie, typhus, choléra.

L'îlot de la Toundja ne fut bientôt plus qu'un cimetière, un charnier où défaillaient, au bord des fosses creusées d'avance, les plus lents à finir.

Les troncs des arbres, dépouillés, pelés jusqu'à la hauteur où peut atteindre un homme grimpé sur l'épaule secourable d'un frère de misère, témoignaient de leur détresse : ils avaient arraché des écorces pour manger, en brûlant une partie pour faire cuire le reste.

On les rencontrait par places, accroupis en rond, dans des trous, autour de brasiers fumants impuissants à les réchauffer, serrés les uns contre les autres comme on voit faire aux moutons devant la tempête ou sous l'ondée. L'ange exterminateur, Azraël, les avait touchés déjà de son doigt glacé. A des signes certains on discernait que leurs heures étaient comptées.

Quel enfer! Une rumeur faite de plaintes, de râles, vous vrillait les oreilles sans relâche, vous pénétrait jusqu'aux os.

Des hommes de corvée, d'autres prisonniers encore debout, par miracle, passaient, portant des civières, allant et venant, cherchant dans les coins perdus des cadavres et les ramenant vers les tombes larges et profondes où gisaient déjà d'autres dépouilles, de lamentables corps décharnés, aux chairs blêmes tendues sur le squelette, comme momifiés, et d'autres tout noirs, gonflés de virus. Et les lugubres nécrophores en ramassaient ainsi jusqu'à un cent par jour!

Partout des agonies, en plein air, sous ce beau soleil de renouveau, au pied des arbres qui revivent, sur le gazon reverdi, sur la grève humide, au bord des eaux courantes;

partout des moribonds dans les plus ignobles postures, pauvres bêtes inconscientes, indifférentes à tout respect humain. Pourtant, parmi ces malheureux, quelques-uns, guidés par un secret instinct, ne se résignaient pas à mourir en plein jour, sous l'œil indifférent des compagnons d'infortune; et, rampant, s'aidant des pieds et des mains, ils se glissaient vers un trou d'ombre, un porche béant au pied d'une tour, se plongeaient dans les ténèbres pour y expirer en paix. C'était là que les hommes aux civières faisaient leur meilleure récolte; chaque matin, ils trouvaient ce cloaque rempli de cadavres convulsés.

Ah! si la mort est le Roi des Épouvantements, que dire de cette mort-là! Bienheureux ceux qui sont tombés dans la mêlée, une flamme d'enthousiasme dans les prunelles, un rayon de pure gloire au front. Mais quelle pitié, quelles larmes pourraient payer l'indicible souffrance de ces lamentables martyrs?

En vérité, la guerre, même la plus nécessaire, même la plus sainte, est une abominable chose. Et devant cette vision d'horreur et d'épouvante, comme la veille devant la plaine labourée par la mitraille, devant les ruines d'un pauvre village écrasé, chétifs amas de pierres pulvérisées marquant l'emplacement des foyers anéantis, pans informes érigeant sur un ciel d'or terni et de pourpre funèbre des silhouettes déchiquetées où l'œil hésitait à reconnaître les vestiges d'une œuvre humaine, impérieusement, un passage fameux de La Bruyère me remontait à la mémoire : « Que si l'on vous disait que tous les chats d'un grand pays se sont assemblés par milliers dans une plaine.... »

Ma voiture —
Mrostka —

SOLDATS D'INFANTERIE BULGARE

QUINZE JOURS AVEC L'ARMÉE MONTÉNÉGRINE

PAR GUSTAVE BABIN

CORRESPONDANT DE GUERRE DE "*L'ILLUSTRATION*"

UN COUP DE FOUDRE DANS UN CIEL NUAGEUX. — MOBILISATION ENTHOUSIASTE. — L'OUVERTURE SOLENNELLE DES HOSTILITÉS. — UNE FOUDROYANTE OFFENSIVE. — « TARABOSCH ! TARABOSCH ! » — A L'ASSAUT DE LA FORTERESSE INACCESSIBLE. — UNE ARMÉE DE HÉROS. — LA CHUTE DE TARABOSCH.

Se souvient-on encore de la stupeur que causa, au soir du 9 octobre 1912, la nouvelle soudaine que le canon, tout de bon, tonnait dans les Balkans, et que, le matin même, partant en cavalier seul, sans plus se préoccuper de ses alliés, le Monténégro avait commencé contre la Turquie ses hostilités ?

L'avant-veille, j'avais eu l'honneur de voir, aux Affaires étrangères, dans le solennel cabinet de chêne clair et de tapisseries, M. Raymond Poincaré avec M. Sazonoff, son collègue russe, qui, tous deux, avec le zèle le plus méritoire, s'évertuaient, depuis des semaines, à tenter d'arranger les choses. Je les avais trouvés, sinon parfaitement tranquilles sur le résultat de leurs efforts, du moins confiants. Mais comme je traversais la vaste antichambre, un bon vieux camarade, en situation d'être parfois mieux renseigné que les ministres eux-mêmes, m'avait abordé, guilleret :

— Eh bien, tu pars ?

— Mais non, mais non ! A quoi bon ?...

Et tout de suite je lui avais communiqué l'impression que j'emportais du cabinet ministériel.

Alors il avait souri, et clignant les plus malins petits yeux gris que je connaisse :

— Crois-moi, tu ferais bien de boucler tes valises.

Le 10 au soir, passeports en règle, ou à peu près, je m'embarquais à la gare de Lyon pour Trieste, Cattaro, Cettigné : car le premier talent du reporter est d'être toujours prêt à partir.

L'Europe, représentée par ses diplomates, dont toute cette guerre allait, de mois en mois, consommer l'irrémédiable faillite, mais qui, d'emblée, voyaient révélés au monde ironique la courte portée de leur vue, leur manque de discernement, leur impuissance, en voulut beaucoup au Monténégro d'avoir ainsi brusquement levé le rideau sur le premier acte du drame sanglant dont le dénouement devait se faire si longtemps désirer. Le vieux roi Nicolas, pourtant, ne leur avait pas ménagé les avertissements ; mais une légende solidement établie voulait que le Roi fût un peu... méridional. Si bien que plus il précisait ses intentions, moins on le croyait. « Je vais mobiliser ! » On souriait, la chose étant déjà arrivée une autre fois. « Nous concentrons ! » On s'inclinait pour dissimuler l'irrévérencieuse pensée qu'il eût lue dans les yeux. Il fallut le grondement du premier coup de canon pour réveiller ces sourds entêtés.

Pourtant, des quatre alliés qui allaient tour à tour se ruer à l'assaut de la puissance ottomane, le Monténégro est, de beaucoup, le plus sympathique, davantage peut-être encore aujourd'hui que nous savons qu'il a été, entre tous, le moins récompensé de son effort, qui fut le plus vaillant et le plus tenace.

On ne saurait aborder ce petit pays sans l'aimer cordialement. La nature y est âpre, hostile, ingrate à tous soins. Même aux plus beaux jours, elle garde je ne sais quelle allure altière, farouche en sa misère. Que des hommes aient eu le courage de se fixer sur ce sol inhospitalier, de s'attacher à lui comme de force, de lui donner, avec la sueur de leurs corps, tout l'amour dont leurs cœurs sont capables, on en demeure confondu. Ils n'y peuvent subsister qu'au prix d'un effort sans répit. De la lutte émouvante qu'ils livrent depuis des siècles à ce sol rebelle, ils sont sortis aguerris pour tous les combats, purs soldats d'épopée.

Au premier appel de leur vieux souverain, patriarche et héros lui-même, « à tous ceux qui voulaient combattre », ils se dressèrent d'un bond. Tout se passa avec une merveilleuse rapidité et une étonnante précision. Sans un à-coup, les rudes montagnards gagnaient, par groupes, le siège de leurs brigades. Ils partaient comme pour la croisade. Des enfants, dans leurs rangs, coudoyaient des grisons.

Tout, d'ailleurs, avait été merveilleusement préparé. On leur distribua de pimpants uniformes vert-réséda, depuis des mois soigneusement entassés dans les dépôts. En hâte ils dépouillèrent le costume national, la culotte soutachée de rouge aux coutures, la veste rutilante et le petit bonnet noir, au fond pourpre brodé du monogramme royal. Les femmes, qui les avaient accompagnés, empaquetèrent tout cela jusqu'au retour. Hélas ! combien de ces pauvres hardes, pliées avec tant de sollicitude, attendent toujours, au fond des armoires, de revoir le jour !...

Les hostilités commencèrent ainsi que dans un romancero, chevaleresquement. Les trois armées concentrées aux points d'où elles devaient se mettre en route, le roi Nicolas se rendit à Podgoritza, la plus grande cité du royaume, avec 9.000 âmes — Cettigné n'a que 5.000 habitants — qui confine à la frontière. Sur la colline de Goritza, qui domine la ville, et d'où l'on aperçoit distinctement les premiers postes turcs, une batterie que commandait le prince Pierre, le plus jeune des enfants du Roi, simple lieutenant d'artillerie, fut mise en position en présence du vieux souverain, évoquant, sans doute, en ce moment décisif, les souvenirs de ses débuts à la guerre, quarante ans auparavant, et du prince Mirko, le cadet des princes royaux. L'Altesse elle-même pointa sa pièce sur Planinitza, le fortin ottoman le plus proche : le premier coup de canon était tiré, cérémonieusement ; coup de semonce, comme on dit dans la marine, qui servait de déclaration de guerre.

CAVALIER DU 9e RÉGIMENT DE CAVALERIE BULGARE

Un à un, en quelques jours, tous les forts qui jalonnaient la ligne frontière tombèrent aux mains des Monténégrins, lancés en avant d'un élan enthousiaste : Planinitza, Rogaï, Detchitch, Vrania, Shiptchanik et la ville de Touzi qu'il protégeait, se rendirent à la 2e division, partie de Podgoritza sous le commandement du général Velicha Lazovitch. Dans le même temps, la 3e division, confiée au général Yanko Voukotitch, partie de Kolachine, remportait une série d'avantages aussi rapides, et, en six jours, enlevait successivement Biélopolié, Berana, Gousinié, Vissitar, — cette dernière position très forte, avec quatorze canons et des vivres de quoi subvenir pendant des semaines aux besoins de l'armée.

Mais le but où tendait cette irrésistible ruée, l'objectif vers lequel convergeaient les trois armées, le joyau sans prix aux yeux des croisés monténégrins, pour lequel ces hommes, jusqu'au dernier, étaient prêts à se sacrifier, c'était Scutari, la capitale rêvée, ardemment convoitée, du royaume agrandi; — Scutari blanche au bord de son lac laiteux, au fond d'une plaine grasse, riche, elle seule, comme la Tchernagora entière.

Or, une forteresse redoutable protégeait Scutari : Tarabosch.

Ah ! ce nom de barbare sonorité, de rime funambulesque, que de fois je le devais entendre, depuis qu'à Niégosch, berceau de la famille royale, où, tandis que j'avalais en hâte un frugal repas, il retentit d'abord à mon oreille, jusqu'au moment où, prêt à partir, un pied déjà dans ma voiture, on me répétait pour me retenir : « Restez, pour prendre avec nous Tarabosch ! » C'était une hantise, une obsession. A l'auberge, sur les routes, dans toutes les conversations, il revenait, monotone comme un répons de litanies. Les lèvres décolorées des blessés, dans les hôpitaux, le murmuraient fiévreusement, et les femmes en deuil le devaient balbutier, le soir, en leurs prières. A l'imagination des correspondants de guerre parqués impitoyablement dans Podgoritza, cette forteresse à l'assaut de laquelle ils avaient vu partir, les yeux flambants d'enthousiasme, les belliqueux Monténégrins, puis d'où étaient revenus, les jours suivants, d'interminables convois de blessés serpentant le long des routes sinueuses, s'enveloppait de mystère redoutable.

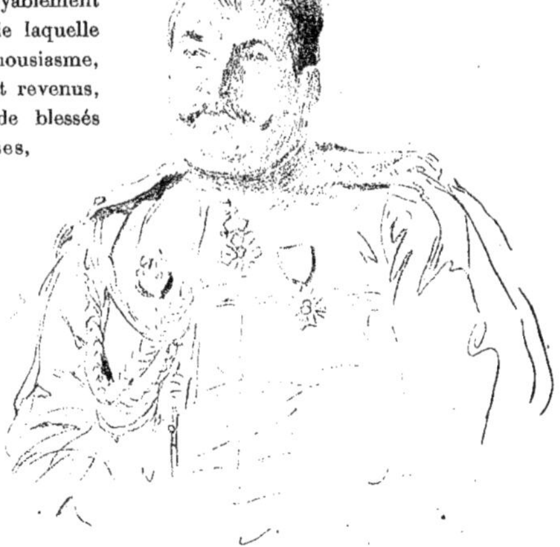

Il me fut donné de l'apercevoir, dans la brume diaphane d'une jolie après-midi d'automne, qui la voilait de pourpre légère. C'était de Plavnitza, au bord du lac de Scutari, où S. A. R. le prince Danilo avait bien voulu me convier. Là s'achevaient les préparatifs d'embarquement des quatre gros canons — quatre ! — sur lesquels on comptait pour emporter cette position formidable en elle-même, et, par surcroît, formidablement armée.

Dans l'éloignement, elle se dressait d'un bond, au-dessus de la plaine, comme une muraille cyclopéenne, et sans qu'on pût, de si loin, distinguer la demi-douzaine d'ouvrages disséminés sur ses crêtes, on sentait quel obstacle quasi-invincible opposait aux attaques cette masse abrupte. Comment l'aborder ? Comment l'escalader ?

Les Monténégrins, pourtant, avaient du premier coup risqué la surhumaine entreprise. Ç'avait été pure folie. Une nuit, tout un bataillon, soulevé par une exaltation collective, s'était levé. Comme aux temps épiques où leurs ancêtres, couteaux aux dents, en s'agrippant aux anfractuosités du roc, aux touffes d'herbes, allaient surprendre l'ennemi infidèle dans ses aires les plus inaccessibles, où l'on se battait là-haut corps à corps, où, désarmé, on étouffait son adversaire dans une étreinte, ils avaient assailli Tarabosch. Hélas ! l'ennemi d'à présent avait des projecteurs qui, au premier bruit suspect, déchiraient la nuit. Les pièces, braquées là-haut crachaient la mort de toutes leurs gueules couleuvrines ; les mausers visaient comme à la cible ces grappes humaines inondées de lueurs électriques. Par surcroît, des canonnières étaient embusquées sur l'eau. Pris entre les feux rasants du lac et les feux plongeants des forteresses, fauchés en gerbes par les mitrailleuses, ces héros forcenés furent décimés sur la grève et au flanc du roc comme des passereaux par un orage. Ce fut une boucherie véritable. Le bataillon y fondit presque entier.

A huit jours de l'horrifique aventure, la voix du prince Danilo tremblait encore en l'évoquant, et c'est avec d'émouvants accents qu'il adjurait des soldats en route pour le feu, qui, non loin de nous, faisaient halte, de ne jamais renouveler ces héroïques folies, de demeurer sages même dans la fièvre du combat et d'être en tous cas des « héros prudents ».

Qui saura jamais de quel prix fut achetée la conquête de Scutari, — dont le pauvre et brave Monténégro devait d'ailleurs être frustré par la plus inique et la plus sotte décision des diplomates ?

J'ai croisé, le long des routes, à chacun de mes voyages de Podgoritza vers Cettigné ou au retour, les longues files de chariots où gisaient les stoïques victimes de cette nuit tragique. Il fallut des jours et des jours pour les évacuer sur les hôpitaux aménagés en hâte, — car, dans leur chevaleresque impatience, les Monténégrins n'avaient pas prévu ce qui est, dans les guerres modernes, l'indispensable : ils n'avaient point compté sur de telles hécatombes, et c'est trop tard que ces vaillants purent recevoir les soins nécessaires.

Ils ne se plaignaient pas, et je n'ai jamais vu spectacle plus émouvant que celui que présentaient ces salles d'ambulance ; rien de plus saisissant que l'attitude de ces dolents et de ceux qui les entouraient, leurs mères, leurs femmes, leurs sœurs, leurs fiancées, venues du fond de leurs montagnes pour les soigner, des vieillards, des voisins, des amis, accourus de toute la vitesse de leurs jambes débiles pour les congratuler d'avoir été blessés. J'ai compris là ce que dut être la vertu romaine.

« Dieu te préserve de mourir dans ton lit, disait l'antique formule du baptême monténégrin, qui fut peut-être proférée sur les berceaux de ces soldats. La seule mort enviable pour les hommes de ce peuple, est la mort sur le champ de bataille ». Voilà qui fait une nation ferme.

Aux femmes aussi, on a enseigné que les larmes déshonorent. Et, à ces chevets de souffrance, elles gardaient des yeux secs, un front serein.

Sur l'une de ces couches, à Cettigné, était étendue une longue forme immobile, déjà voilée de blanc : c'était un officier, le commandant Luka Dajkovitch, le chef, justement, de ce bataillon de Riéka, immolé tout entier dans le premier assaut de Tarabosch. Il venait à peine de rendre le dernier soupir. Tout autour de sa dépouille, la vie continuait, indifférente. Près des lits voisins, sur lesquels, peut-être, quelques heures plus tard, serait tendu le même roide linceul, c'étaient de quiets bavardages, des rires. Cependant la veuve était là, jeune, blonde, frêle, impassible. Et quand des amis s'approchèrent, des gens de son village, des voisins, pour lui porter leurs condoléances — ou bien leurs félicitations — son fin masque de marbre s'éclaira d'un sourire dont on n'aurait su penser s'il reflétait la résignation ou l'orgueil.

Quant aux blessés, ils ne manifestaient, dès qu'on les questionnait, qu'un désir : guérir, guérir vite, non pour le plaisir vain de continuer à vivre, mais pour repartir, pour retourner à Tarabosch, afin d'être des bienheureux qui allaient l'emporter. Et nul d'entre eux ne doutait que le temps ne pressât.

Je revois encore, à Podgoritza, cette fois, près de la porte d'entrée de la salle, un gamin à la lèvre imberbe, aux yeux ingénus, mais au regard vif, intelligent, et si timide, si confus qu'on pût s'intéresser au peu qu'il avait fait qu'il rougissait comme une fillette en faute, tandis que l'infirmière qui le soignait nous racontait ce qu'il avait fait. Or c'était une magnifique action de bravoure.

Il avait dix-huit ans, ce petit, et s'appelait Ivan Ulévitch. Il était étudiant au gymnase quand s'ouvrirent les hostilités. Son père était porte-drapeau, — privilège de famille très noble, très envié, qu'on se transmet pieusement. Ivan s'engagea, comme de raison, derrière cet étendard qui, par droit de naissance, lui pouvait être un jour confié. Cela advint, hélas ! dès la première rencontre, à Detchitch, — l'une des positions dominant, à l'est, la plaine de Podgoritza, — qui fut attaqué avec le même fol héroïsme que Tarabosch et vaillamment défendu : les Monténégrins y eurent, dès le premier assaut, six cents hommes hors de combat.

Le père, avec son enseigne croisée de pourpre, à la tête des assaillants qui se jetaient comme des démons furieux au-devant des obus, tomba presque dès le début du combat. Mais il avait près de lui, dans la phalange de ses proches groupés autour du drapeau, deux frères. L'aîné se saisit du glorieux insigne qu'abandonnait sa main défaillante et prit sa place en avant. Il tombe à son tour, à ce poste particulièrement exposé. Puis le troisième des frères eut le même sort. Ah ! les Turcs visaient bien.

L'étendard revenait à Ivan Ulévitch, à l'enfant. Mais aux âmes bien nées !... Il n'eut garde d'abandonner le glorieux privilège. D'un bras résolu il assuma la superbe et périlleuse tâche et saisit la hampe, chaude encore de l'étreinte de son père et de ses deux oncles, qui passait ainsi, dans cette famille admirable, d'une main à l'autre, comme le vacillant flambeau des coureurs antiques.

Les balles continuèrent à s'acharner sur l'enseigne toujours debout, toujours flottante dans la rafale meurtrière. Ivan eut la fortune inestimable de la brandir jusqu'au bout dans cet homérique assaut, jusqu'au moment où, si résolus que fussent les assaillants, il leur fallut se retirer, impuissants contre l'artillerie qui balayait d'une trombe de feu les pentes qu'ils escaladaient. Mais quand on l'amena, à bout de forces, à l'hôpital, on constata qu'il portait sept blessures.

Son seul regret, quand je le vis, était qu'elles dussent le retenir bien des jours encore au lit, impuissant, inactif. Mais le siège de Tarabosch a été si long, — car que peut tout l'héroïsme des cœurs les plus cuirassés contre la force sauvage des engins modernes ? — que peut-être aura-t-il eu le temps de retourner prendre sa part du triomphe.

— A peine, me disait-on comme je partais, lassé de n'avoir rien à regarder et rien à raconter, mais promettant bien fort de revenir pour le dernier acte et l'entrée en fanfare à Scutari, — à peine aurez-vous le temps d'arriver à Paris que c'en sera fait !

Touchantes illusions !

Ce fut seulement le mercredi 23 avril, à deux heures du matin, que Cettigné, réveillé par une salve d'allégresse, apprit que Scutari venait de se rendre, après six mois et demi de siège ! Et quand l'Europe connut cette nouvelle, quelques heures après, elle fut fort en peine de savoir ce qu'elle devait admirer le plus de l'acharnement des assiégeants de Scutari ou de la fermeté de ses défenseurs.

UNE GARE PENDANT LA GUERRE. — LES TROUPES FRAICHES QUI VONT SUR LE FRONT CROISENT DEVANT CELLES QUI EN REVIENNENT

ÉPISODES ET COMBATS SUR MER

Par le capitaine de frégate NEL

Les opérations des forces navales de la Grèce et de la Bulgarie contre la flotte ottomane offrent quelques épisodes aussi captivants qu'instructifs.

Faisons d'abord le décompte des forces en présence :

La Flotte ottomane. — La Turquie disposait des forces suivantes :

1° Deux cuirassés de 10.000 tonneaux, *Kerreddin-Barbarossa* et *Torghut-Reiss*, construits en 1891 et achetés à l'Allemagne, en 1910, par le gouvernement jeune-turc. Un ancien officier de l'armée anglaise, très au courant des dessous de la politique ottomane, a raconté que ces deux cuirassés avaient été payés à l'Allemagne 22.500.000 francs, sur les fonds déposés dans les banques berlinoises par l'ex-Sultan Abd-ul-Hamid. La marine allemande avait trouvé là l'occasion de se débarrasser de deux rossignols en encaissant un prix raisonnable, environ 50 % du prix à l'état neuf. Le parti jeune-turc se flattait, de son côté, d'avoir conclu une affaire excellente en acquérant, sans bourse délier, deux cuirassés, payés sur la fortune privée de l'ancien sultan, à qui l'on faisait ainsi rendre gorge d'une partie de ses exactions. Quoi qu'il en soit, ces deux cuirassés, armés de 6 canons de 280 %, de 8 de 105 % et de 8 de 88 % constituaient le plus bel appoint de la flotte ottomane.

2° Un vieux cuirassé de 9.000 tonneaux, datant de 1874, le *Messudieh*, mais remis à neuf en 1900. Son armement consistait en 2 canons de 234 %, 12 de 152 % et 24 de petit calibre.

3° Un garde-côtes, plus vétuste encore, lancé en 1868 : l'*Assar-i-Tewfik*, réfectionné en 1906. Son armement, très réduit, comprenait 10 canons de moyen calibre.

4° Quatre petits cuirassés, construits en 1864, et qu'il ne faut citer que pour mémoire : *Orkanieh, Ormanieh, Mahmudieh* et *Azizieh*. Ils ne jouèrent aucun rôle.

5° Deux croiseurs, *Hamidieh* et *Medjidieh*, de 3.500 tonneaux, entrés en service en 1904, dont la belle vitesse de 22 nœuds était leur principale qualité.

6° Trois avisos torpilleurs de 800 tonneaux, neuf destroyers, dont huit de construction récente, et une douzaine de torpilleurs de 20 à 26 nœuds.

Pour être complet, il faut ajouter un certain nombre de canonnières cuirassées, qui ne jouaient plus qu'un rôle de figuration dans les ports, où elles demeuraient ancrées en permanence. La plus puissante de ces canonnières, le *Feth-i-Bulend,* fut, comme nous le verrons, coulée à Salonique par un torpilleur grec. Une autre, dont le nom est resté inconnu, fut également coulée par le torpilleur n° 14 devant le petit port d'Aivalik, au nord du golfe de Smyrne.

La flotte ottomane était franchement supérieure à la flotte grecque, au triple point de vue de la puissance offensive, de l'homogénéité et du tonnage. Elle a manqué d'un chef énergique pour la conduire à la victoire. Napoléon a dit : « A la guerre, tout est dans le moral. »

La Flotte hellénique. — La flotte du roi Georges comprenait :

1° Un superbe croiseur-cuirassé de 10.000 tonneaux, le *Georgio-Averof,* construit dans les chantiers italiens, pour le compte de la République Argentine, et acheté en 1911 par un Grec richissime, M. Averof, qui en fit don à la marine de son pays.

Ce fut le plus beau fleuron de la flotte hellénique. Nous le verrons supporter, à peu près seul, tout le poids de la bataille, dans les rencontres avec la flotte ottomane. Ce beau croiseur, avec une vitesse de 23 nœuds 9, avait un armement redoutable : 4 canons de gros calibre (234 %) et 8 canons de 190 %. Sa petite artillerie comprenait 16 canons de 76 % et 6 de 47 %. Trois tubes lance-torpilles complétaient cet armement.

2° Trois petits cuirassés de 5.000 tonneaux, *Hydra, Psara* et *Spetzia,* construits en France en 1889, mais réfectionnés à différentes époques. Leur artillerie comprenait 3 canons de gros calibre (270 %), 6 de moyen calibre et 8 de petit calibre.

3° Douze destroyers, dont les quatre derniers achetés, la veille de la guerre, à la République Argentine, au moment où ils allaient lui être livrés par les chantiers anglais, portaient les noms suivants : *Aigle, Panthère, Lion, Faucon.* Les officiers grecs, qui en étaient très fiers, appelaient la division de ces quatre torpilleurs : la *ménagerie.* Ils ont rendu de grands services pendant la guerre.

4° Douze torpilleurs de 1re classe et douze autres d'un tonnage plus faible.

5° Un sous-marin, du type Laubœuf, le *Delphin,* construit par le Creusot et livré quelques jours avant la déclaration de guerre.

La Flotte bulgare. — La marine bulgare n'était encore qu'à l'état embryonnaire. Elle comprenait un aviso de 720 tonneaux, *Nadiedja,* et six torpilleurs de notre type français, construits par le Creusot. Rappelons que ce furent deux officiers de notre marine, le capitaine de frégate Pichon et le lieutenant de vaisseau Moreau, aujourd'hui contre-amiral qui furent appelés, il y a une douzaine d'années, à organiser la marine bulgare, dont rien, n'existait avant leur arrivée en Bulgarie.

LULLE-BURGAS. — UNE TRANCHÉE

LES OPÉRATIONS DE LA FLOTTE HELLÉNIQUE

Le 18 octobre, jour de la déclaration de guerre, la flotte hellénique appareille du Pirée. Elle se compose du *G. Averof,* portant le pavillon du commandant en chef, amiral Kondouriotis, des trois cuirassés : *Hydra, Psara, Spetzia,* et de six destroyers. Elle se dirige vers les Dardanelles, au-devant de la flotte ottomane. Mais celle-ci ne paraît pas. Le 20 octobre, l'amiral Kondouriotis se présente devant l'île de Ténédos, célèbre par ses vins et située en face des rivages de l'ancienne Troie ; il l'occupe sans coup férir. Le lendemain 21, il s'établit à Lemnos, dont le port de Castro n'avait qu'une garnison de cinquante hommes. L'opération a lieu sans plus de difficultés. L'escadre ottomane ne s'était pas montrée.

Ces opérations font grand honneur à la flotte grecque. Elle y a déployé une grande activité et elle a su les conduire à bonne fin, en quelques heures, malgré la menace d'une sortie de la flotte ottomane des Dardanelles. Elle dispose désormais, avec Ténédos et Lemnos, de deux bases excellentes pour se réapprovisionner, avec le secours de sa flotte marchande. D'autre part, elle est à même de surveiller les débouchés, par lesquels les transports de troupes, provenant de la côte d'Anatolie, doivent se présenter avant d'entrer dans les Dardanelles. Elle suspend donc, ou retarde sensiblement, les opérations de mobilisation de l'adversaire. Celui-ci est obligé désormais de n'avoir recours qu'au chemin de fer, à voie unique, d'Anatolie pour amener ses troupes d'Asie sur le théâtre des hostilités.

Le 31 octobre, après avoir repris haleine, la flotte grecque occupe Thasos, l'île merveilleuse, dont l'ancien port romain est dallé de marbre ; puis, Imbros et, plus au sud, la petite île de Strati. Le lendemain, elle achève sa conquête rapide en s'emparant de Samothrace, vocable impérissablement lié à l'idée de la Victoire, depuis que son génie ailé, œuvre immortelle, orne le grand escalier de notre musée du Louvre.

En une telle occurrence ce nom de Samothrace semble apporter une sorte de consécration au succès de la flotte hellénique. Celle-ci possède maintenant toute la chaîne d'îles, qui forme, comme une ceinture flottante, en avant des Dardanelles.

Sur un autre théâtre, deux canonnières grecques, accompagnées de quelques torpilleurs, s'étaient également distinguées. Expédiées avant la déclaration de guerre sur la côte d'Epire, elles avaient réussi à pénétrer dans le golfe d'Arta, dont l'entrée très resserrée est commandée par le port turc de Prévetza, où se trouvaient réunis trois avisos ottomans. Les deux canonnières grecques prirent, quelques jours plus tard, une part brillante à la prise de Prévetza par le corps d'armée d'Epire, en détruisant et coulant les navires turcs (4 novembre). Cette escadrille allait désormais assurer le blocus de la côte d'Epire, pendant les opérations du siège de Janina par l'armée grecque.

DESTRUCTION DU " FETH-I-BULEND "

Un épisode mémorable, le plus glorieux de toute cette campagne, se produit dans la nuit du 5 au 6 novembre. Nous voulons parler de la destruction, par le torpilleur grec n° 11, de la canonnière cuirassée turque *Feth-i-Bulend,* ancrée dans le port de Salonique. On serait tenté de croire, au premier abord, à un acte de témérité irréfléchie, à une sorte de coup de folie, dû à la magnifique insouciance d'un jeune officier. Ce serait une erreur. Il s'agit, au contraire, d'une action de guerre, délibérée, mûrie, profondément réfléchie, dont la nécessité s'imposait. Bien préparée et conduite, elle a pleinement réussi, malgré les risques qu'elle comportait. Elle a pour héros le lieutenant de vaisseau Volotzis, un officier de trente-trois ans. Son torpilleur est un des plus anciens de la flotte grecque ; il est presque aussi âgé que lui : sa construction date de vingt-six ans, ce qui est beaucoup pour un torpilleur. Sa vitesse est bien réduite, et il aura à franchir une passe étroite, armée de projecteurs et de canons de gros calibre. Vraiment, à évoquer ce fait d'armes, accompli dans des conditions si précaires, les strophes vibrantes que Victor Hugo composait en l'honneur de Canaris, lors de la guerre de l'indépendance, reviennent à la mémoire. Il n'y aurait qu'un mot à y remplacer : Canaris par Volotzis, pour l'approprier aux événements actuels :

Si quelque lourd navire éclatait à nos yeux,
Couronné tout à coup d'une aigrette de feux,
Comme un volcan s'ouvrant dans l'onde ;
. . . .
Si partait de ces mers d'Egine ou d'Iolchos
Un bruit d'explosion, tonnant dans mille échos
Et roulant au loin dans l'espace,
L'Europe se tournait vers le rouge Orient ;
Et, sur la poupe assis, le nocher souriant
Disait : « C'est Canaris qui passe ! » (¹)

Voyons ce qui fit décider cette action d'éclat. A l'approche de l'armée grecque de Salonique, une inquiétude naquit parmi l'état-major du Diadoque au sujet de la présence, sur la rade, d'un vieux cuirassé turc, le *Feth-i-Bulend.* Ce navire, embossé convenablement, pouvait, grâce à sa nombreuse artillerie, contribuer très efficacement à la défense

(¹) *Les Orientales.*

LULLE-BURGAS. — BATTERIE TURQUE RÉDUITE AU SILENCE

de la place. Il importait donc de déblayer le terrain, en essayant de couler le cuirassé ottoman, ancré au milieu du port. De là, l'ordre donné au lieutenant de vaisseau Volotzis, commandant le torpilleur n° 11.

Le 5 novembre, au matin, le torpilleur n° 11, qui avait reçu l'ordre d'attaque, avait atteint le petit port de Lithocoros, sur la côte ouest du golfe. Après quelques heures de repos, il se glisse, en défilant le long de la côte, jusqu'au port d'Elefterochori, au sud des bouches du Vardar. Il y arrive à la tombée de la nuit. Là, il est tout près de Karaburnu, où veillent les cerbères ottomans; il lui faut attendre, pour continuer, que la nuit soit tout à fait obscure. Puisque nous avons la bonne fortune de posséder le rapport du lieutenant de vaisseau Volotzis, laissons-lui maintenant la parole :

« Je suis parti d'Elefterochori, écrit le commandant du torpilleur n° 11, à 9 heures du soir. Les forts de Karaburnu projetaient constamment leurs feux sur le détroit, entre Karavofanaro et les bouches du Vardar. Je suis passé à toute vapeur me dirigeant sur Salonique. J'y arrivai à 11 h. 20 et découvris le cuirassé turc à l'extrémité de la jetée. J'ai manœuvré lentement, sans être découvert, et j'ai mis le cap sur le milieu du cuirassé. A 11 h. 35, je lançai ma torpille tribord, à 150 mètres ; puis, venant sur la droite, j'ai lancé ma torpille de bâbord. Puis je me suis éloigné, en mettant à toute vitesse. En achevant de venir sur la droite, j'ai lancé ma torpille du pont, qui est allée éclater sur le brise-lames avec un tel bruit que nous avons cru à un coup de canon venant de terre. Après la première explosion, nous avons aperçu sur le cuirassé une allée et venue de gens portant des fanaux et nous avons entendu des coups de sifflet. Le carré des officiers était éclairé. L'explosion a eu lieu à l'avant de la cheminée. Nous avons vu un grand panache de fumée, puis le navire s'est incliné et a commencé à couler par l'avant. J'ai franchi, à toute vapeur, la passe de Karaburnu, qui, averti par Salonique, avait allumé tous ses projecteurs. Nous avons cependant passé sans être vus. Au moment où nous défilions devant Karaburnu, voulant tenir la promesse faite à mon équipage, j'ai ordonné de tirer sur le fort un projectile de 37 ‰ à 2.500 mètres. »

Tel est ce beau fait d'armes dans sa simplicité.

Le jour suivant, l'escadre de l'amiral Kondouriotis s'approchait de Salonique et bombardait les puissantes batteries de Karaburnu. Celles-ci ne répondirent pas.

Au lendemain de la prise de Salonique, la flotte hellénique eut une mission délicate à remplir. L'État-Major bulgare demandait au gouvernement grec de transporter la 7e division tout entière de Salonique à Dédéagatch. En quarante-huit heures, cinquante-un navires de transport étaient réunis, capables de transporter en une fois les 35.000 hommes, les 8.000 chevaux et le matériel de la 7e division. Au dernier moment, l'Etat-Major bulgare se ravisa ; il ne demandait plus que le transport d'une brigade. Dix-sept bâtiments suffirent. Sous la protection de la flotte grecque, le convoi arriva devant Dédéagatch sans encombre. Toute la brigade, malgré les difficultés du débarquement, fut mise à terre en dix-huit heures. Les troupes bulgares manifestèrent leur enthousiasme.

Après avoir mené cette opération à bonne fin, l'amiral Kondouriotis reprit son poste de blocus des Dardanelles au milieu des îles, dont il allait poursuivre l'occupation. Le 17 novembre, a lieu la prise de Nikaria, près de l'île de Samos. Le 21, toute l'escadre se présente devant la grande île de Mitylène, l'ancienne Lesbos, défendue par une garnison de 2.000 hommes. Celle-ci se retira dans le nord de l'île, où elle fut faite prisonnière un mois plus tard. Le 24 novembre marqua la prise de possession de Chio, célèbre par ses vins et ses jardins d'orangers, où les Turcs, en 1822, firent un horrible massacre de la population. Ce même jour, le torpilleur grec n° *14*, commandé par le lieutenant de vaisseau Argyropoulo, coulait une canonnière turque devant le port d'Aïvalik. La flotte grecque ne devait plus se livrer à aucune opération jusqu'au lendemain de l'armistice, conclu le 3 décembre, entre les armées turque et bulgare.

LA FLOTTE OTTOMANE

Pendant toute la première partie de la guerre, l'escadre ottomane s'abstint de paraître dans la mer Égée. Ce fut une faute capitale, qui permit à la flotte hellénique de réaliser, sans encombre, la série de conquêtes dont il vient d'être question. Les navires turcs furent exclusivement employés, pendant toute cette période, à des opérations de détail dans la mer Noire, en vue de favoriser l'action des armées ottomanes. Le seul fait marquant pendant cette période est la mise hors de combat du croiseur *Hamidieh* par une division de torpilleurs bulgares, dans la nuit du 21 novembre, pendant sa participation à la défense des lignes de Tchataldja, qu'il appuyait en battant de son artillerie la zone entre le lac Derkos et la côte. Le *Hamidieh* est le seul navire de la flotte ottomane, qui ait montré de l'activité pendant tout la durée de la guerre. C'est qu'il était commandé par un jeune capitaine de corvette de trente-trois ans, Raouf bey, dont il n'est pas inutile de dire un mot, car nous allons le voir bientôt se couvrir de gloire. Né à Stamboul, Raouf bey est un musulman européanisé, mais ayant conservé les vertus primitives de sa race, avec un heureux mélange de qualités acquises au contact prolongé de notre civilisation. Pendant la guerre de Tripolitaine, il fut à peu près seul à réussir à jeter en Cyrénaïque des troupes, des munitions, des vivres. Il est l'émule d'Enver bey; il a été dans la marine ce que ce dernier a été dans l'armée. Et voici que ce brillant officier se laisse surprendre par une division de torpilleurs bulgares, dont la manœuvre a été fort habile. Le *Hamidieh*, surpris, mais non pris au dépourvu, se défend énergiquement ; il coule, a-t-il prétendu, un de ses assaillants. Cependant, il est atteint par une torpille ; une voie d'eau se déclare, et c'est à peine s'il peut atteindre, à petite allure, l'entrée du Bosphore, où un remorqueur le prend pour le conduire dans l'arsenal de la Corne d'Or et l'échouer dans un bassin. Il devait y rester en réparation pendant près de cinq semaines, malgré toute l'activité déployée par Raouf bey. Tel fut le seul événement marquant dans les eaux de la mer Noire.

LES HOSTILITÉS DANS LA MER ÉGÉE

L'armistice, conclu le 3 décembre, entre la Bulgarie et la Turquie, n'avait pas été accepté par le gouvernement hellène. Les hostilités allaient donc continuer uniquement entre les flottes grecque et ottomane. Dès les premiers jours de décembre, le gouvernement ottoman donnait l'ordre à Halil pacha, commandant l'escadre, de quitter son mouillage de Nagara, dans les Dardanelles, pour combattre la flotte hellénique. Dans les journées du 12 et du 13, Halil pacha envoyait le croiseur *Medjidieh* et des destroyers en reconnaissance. Quatre jours plus tard, le 17, il se décidait lui-même à sortir avec toutes ses forces. Un court combat allait s'ensuivre avec la flotte grecque. Nous en empruntons le récit au rapport de l'amiral Kondouriotis, le seul qui ait été publié. Nous le ferons suivre de quelques observations :

Lemnos, 17 décembre.

« Ce matin, 8 h. 20, comme nous croisions entre Képhalos, promontoire de l'île d'Imbros, et la côte de la presqu'île de Gallipoli, nous aperçumes la flotte ennemie sortant des Dardanelles. A 9 heures, à une distance de 17.000 mètres, nous reconnûmes qu'elle se composait des cuirassés *Barbarossa, Torghut, Messudieh, Assar-Tewfik,* d'un croiseur du type *Hamidieh* (1) et de six à huit contre-torpilleurs. Les quatre cuirassés vinrent sur la droite, après avoir doublé la Pointe d'Europe, et firent route vers le nord en longeant la côte. Je fis venir immédiatement l'escadre sur la gauche pour mettre le cap sur l'ennemi.

« Quand nous arrivâmes à une distance d'environ 12 kilomètres, l'ennemi ouvrit le feu. A 9 h. 25, nous commençâmes à répondre (2), et, au bout de dix minutes, l'*Averof*, se détachant du reste de la flotte, essaya de mettre l'ennemi entre deux feux. Il s'avança ainsi à une distance de 2.900 mètres du vaisseau-amiral turc, tandis que nos autres cuirassés s'approchaient à 4.100 mètres. Le vaisseau-amiral ennemi, devant le feu violent de l'*Averof*, vint de 180 degrés à droite et se dirigea vers les Détroits, suivi des autres navires qui se retiraient en désordre. L'*Averof* ne put poursuivre l'ennemi plus loin, car nous étions entrés dans la ligne d'action des forts de la côte qui tiraient sur nous. A 10 h. 30, toute la flotte ennemie s'était réfugiée à l'intérieur des Détroits où elle disparaissait. Nous continuâmes à croiser devant les Dardanelles jusqu'à 2 heures de l'après-midi.

« Nous ne connaissons pas exactement les dommages subis par l'ennemi, mais nous supposons que c'est à des avaries subites que la cessation du feu est due, ainsi que la retraite de la flotte ottomane. Nos navires ne subirent aucun dommage, si ce n'est quelques dégâts sans importance dans les superstructures de l'*Averof*, lequel était le point de mire de tout le feu ennemi.

« Au cours de l'action, le sous-officier Kazinzaris, préposé au service des signaux sur l'*Averof*, a été tué. L'enseigne de vaisseau Mamouris, 2 sous-officiers et 4 marins de l'*Averof* ont été légèrement blessés, ainsi qu'un matelot du cuirassé *Spetsaï*. Nos officiers et marins ont fait preuve d'un courage au-dessus de tout éloge. Les artilleurs tiraient en poussant des vivats. L'exactitude de la manœuvre des cuirassés fut admirable.

« KONDOURIOTIS. »

Malgré sa notable supériorité en artillerie : 52 pièces de calibre variant du 280 ‰ au 105 ‰, contre 39 pièces de calibre variant du 270 ‰ au 100 ‰, la flotte ottomane ne paraît pas avoir fait merveille. Le *Georgio-Averof*, qui a été le plus engagé, ne reçoit que des blessures insignifiantes dans ses superstructures : il semble qu'aucun coup de la grosse

(1) Ce croiseur était le *Medjidieh*. Le *Hamidieh* se trouvait encore au bassin, en réparation, à cette date.

(2) M. Gofton-Salmond, membre de la mission navale en Grèce, a apporté, dans une lettre adressée au *Times*, une précision au sujet de l'ouverture du feu. Celui-ci aurait été ouvert par les Turcs à 9 h. 50, à 14.000 mètres; les Grecs n'auraient commencé leur tir qu'à 10 heures, à 8.000 mètres.

artillerie n'ait porté. De son côté, le tir de la flotte grecque n'a rien eu de bien remarquable. S'il est vrai que l'*Averof*, avec son artillerie moderne, se soit approché à 3.000 mètres (2.900^{m}), ainsi que l'écrit l'amiral Kondouriotis, on se demande comment il n'a pas causé d'avaries plus graves à son adversaire. La flotte ottomane avait huit tués, dont un officier, et une quarantaine de blessés. Par ailleurs aucun de ses navires n'avait une avarie grave. Le gouvernement ottoman exploita comme une victoire cette sortie sans résultat. Il envoyait Raouf bey, le commandant du *Hamidieh*, qui n'avait pu, à son grand désespoir, prendre part à la sortie, porter à Halil pacha, comme témoignage de son triomphe, le fameux étendard vert de l'antique vainqueur de Prévetza. Pour ne pas laisser refroidir l'enthousiasme, le gouvernement turc envoya, cinq jours plus tard, le 22 décembre, deux croiseurs et trois destroyers dans la direction de Ténédos. Tandis que les croiseurs refoulaient les destroyers grecs de grand'garde, tout en restant sous la protection des forts, les torpilleurs turcs filaient vers Ténédos, où ils arrivaient à 11 heures du matin. Ils envoyaient quelques coups de canon sur la caserne et bornaient leur manifestation à cette algarade. C'est que l'escadre grecque, prévenue par un torpilleur de grand'garde, se dirigeait à toute vapeur vers Ténédos. Les navires turcs se hâtèrent de rentrer dans les Dardanelles.

Le 4 janvier, la flotte ottomane se présente à nouveau ; elle semble hésiter. Les croiseurs *Medjidieh* et *Hamidieh* chassent en avant et échangent des coups de canon avec les torpilleurs grecs placés en grand'garde. Mais bientôt la flotte hellénique paraît à l'horizon : la flotte ottomane regagne prudemment son mouillage de Nagara, dans la partie la plus resserrée des Dardanelles.

***

Nous arrivons, maintenant, à la période héroïque. Le 17 janvier, un coup de foudre éclate. Le *Hamidieh*, qui a quitté les Dardanelles dans la nuit du 16 au 17, en traversant la ligne des grand'gardes ennemies, sans être découvert, se présente tout à coup devant le port d'Hermopolis de l'île de Syra. Syra est au centre de l'archipel grec, à quelques heures d'Athènes, et son port, relié au continent par le télégraphe, sert d'escale à plusieurs lignes de paquebots. L'apparition du *Hamidieh* cause une émotion considérable, dont l'écho se répercute presque instantanément par toute l'Europe. Justement, un croiseur auxiliaire grec, le *Makédonia*, qui s'est signalé à la prise de Chio, est en relâche dans le port. Le *Hamidieh* le canonne, le détruit, puis il disparaît. Nous le retrouverons tout à l'heure.

Le 18, à 8 heures, la flotte ottomane s'avance hors des Dardanelles. Elle se dirige vers l'ouest, en longeant la côte sud de l'île Imbros. Il est à peu près certain que la sortie préliminaire du croiseur *Hamidieh* était liée à la grande opération à laquelle se destine la flotte ottomane. Le *Hamidieh* avait pour mission d'entraîner la flotte greque dans l'ouest, loin de son poste habituel d'observation. Puisqu'il n'est pas revenu, c'est qu'il a réussi dans sa mission. Halil pacha croit donc que le champ est libre devant lui. Après avoir longé Imbros, il incline sa route au sud. Son objectif est l'île de Ténédos. S'il était possible de surprendre sa petite garnison et d'y remplacer le pavillon grec par le pavillon ottoman, quel retentissement n'aurait pas à Constantinople un pareil haut fait ! La flotte ottomane défile en bon ordre ; elle se compose du *Kerreddin-Barbarossa*, du *Torghut-Reiss*, du *Messudieh*, de l'*Assar-i-Tewfik*, du *Medjidieh* et

RASSEMBLEMENT DE TROUPES BULGARES

d'un certain nombre de destroyers. L'*Assar-i-Tewfik*, vieux garde-côte dont la marche est trop lente, reste en arrière avec les destroyers pour former rideau contre les torpilleurs grecs, s'il s'en présentait. A 9 h. 20, l'escadre grecque, prévenue par ses grand'gardes de la sortie de la flotte ottomane, appareille de la baie de Mudros. L'amiral Kondouriotis, avec le *Georgio-Averof*, les cuirassés *Hydra*, *Psara* et *Spetzaï*, quatre destroyers de 900 tonnes et trois de 400 tonnes, débouche de la pointe sud de Lemnos et se présente tout à coup en vue de la flotte ottomane. Un désappointement très vif dut se faire sentir à bord du *Kerreddin-Barbarossa*. A 11 h. 25, de très loin, le *Georgio-Averof* ouvre le feu. L'action s'engage. Halil pacha hésite quelque temps à continuer sa route au sud. S'il continue, il risque de se voir coupé des Dardanelles par l'adversaire. A midi, il abandonnait la route au sud-ouest qui le rapprochait sans cesse de l'ennemi et se dirigeait, le plus vite qu'il pouvait, sur l'entrée des Dardanelles. Dès lors, combattant en retraite, ne pouvant utiliser qu'une faible partie de son artillerie, il se plaçait dans une situation inférieure, dont la flotte hellénique allait bénéficier largement. Celle-ci s'acharna à la poursuite sans cesser de tirer. Malheureusement, les petits cuirassés *Hydra*, *Psara* et *Spetzaï*, mauvais marcheurs, ne réussirent pas à se rapprocher sensiblement. Seul le *Georgio-Averof*, grâce à sa belle vitesse, pût tenir son adversaire sous son tir à 4.000 mètres pendant quelque temps. Par contre, il attira ainsi sur lui tout le feu de la flotte ottomane. Aussi, cette fois, éprouva-t-il de graves avaries. A 1 h. 50 le combat cessait. L'*Averof* avait sa machine bâbord en avaries; la flotte ottomane, de son côté, était gravement endommagée. Le *Kerreddin-Barbarossa* avait le feu à bord ; il était enveloppé d'un nuage de fumée et de vapeur. Le *Torgut-Reiss* n'était pas moins atteint ; une de ses tourelles était hors d'usage, et, sans doute, avait-il une voie d'eau, car il donnait de la bande. La flotte ottomane respira quand elle fut arrivée sous la protection des canons de Koum-Kalé, à l'entrée des Dardanelles. Un enthousiasme indescriptible régna à Athènes à l'annonce de la victoire de la flotte, malgré les graves avaries de l'*Averof*, qui furent d'ailleurs soigneusement cachées. Lors des obsèques du roi Georges, assassiné à Salonique, toute la flotte grecque escorta le yacht qui transportait à Athènes la dépouille royale. Seul, le *Georgio-Averof*, le plus beau fleuron de la flotte hellénique, ne prit pas part à la cérémonie. Son absence, très remarquée, confirma, en quelque sorte, les avaries graves dont on avait parlé, et qu'il avait héroïquement supportées pendant le combat du 18 janvier.

***

Revenons maintenant au croiseur *Hamidieh*. Nous voici au dernier acte de cette guerre, mais celui-ci est, peut être, le plus important; il est, en tous cas, fécond en enseignements. Après avoir disparu de Syra, le *Hamidieh* ne fait plus parler de lui pendant trois jours. Puis le voici subitement devant Beyrouth. De Beyrouth, il se rend à Alexandrie, et de ce dernier port à Port-Saïd, où il trouve enfin le charbon dont il commence à avoir besoin. Partout où il passe, il soulève un vif enthousiasme parmi les populations musulmanes : il réveille l'espoir! A Port-Saïd, ses affaires ne vont pas sans encombre : le consul grec fait entendre de vives protestations. Il obtient gain de cause et le *Hamidieh* ne peut obtenir qu'une faible quantité de charbon. Il est cependant des accommodements avec le ciel. Le *Hamidieh* franchit le canal, pénètre dans la mer Rouge, et, à un rendez-vous convenu, des bâtiments charbonniers lui apportent tout le combustible, qui lui est nécessaire. Il reparaît alors à Port-Saïd. De Port-Saïd, Raouf bey fait route sur l'Adriatique ; mais des avaries de machine, au cours d'une traversée rendue très rude par le mauvais temps, l'obligent à relâcher à Malte, le 14 février. Déjà les autorités grecques, qui ont envoyé des destroyers vers lui, croient le tenir. L'amirauté anglaise oblige le *Hamidieh* à prendre la mer après quarante-huit heures. Il est surveillé à l'est et au nord. Le 17 février, il pointe au sud, et va paraître successivement devant Caïffa, Saint-Jean-d'Acre, Beyrouth, où, de nouveau, on lui fait fête. Il touche à Adalia, puis le voilà une seconde fois au milieu de l'Archipel, éveillant la terreur par sa seule présence. Il disparaît, puis se montre devant Alexandrette, où sans doute il trouve à se ravitailler. De là, pour dépister ceux qui ont intérêt à le surveiller, il pique au sud-ouest, contourne Chypre à bonne distance, remonte au nord et fait route pour pénétrer dans l'Adriatique, en passant loin des côtes. A Alexandrette, il a recueilli des renseignements assez frais sur la situation, pour être assuré de causer quelque émoi là où il va se présenter. Inopinément, le 12 mars, il arrive devant Durazzo, où les Serbes garnisonnent depuis quelques jours ; il trouble leur quiétude et leur triomphe par une pluie d'obus ; il coule un cargoe qui débarque des soldats et le voilà parti vers Medua, le port de Scutari. Des transports grecs sont en train d'y débarquer des troupes et des munitions serbes, pour activer le siège de Scutari. La venue du *Hamidieh*, au milieu de ce brouhaha, est comme la chute d'un diable dans un bénitier. Des transports se jettent à la côte ; le croiseur de Raouf bey canonne et coule ceux qui tardent trop. Cette fois, la casse a été sérieuse ; l'émotion est considérable. Le gouvernement d'Athènes prend des mesures extraordinaires : à l'avenir les transports s'ordonneront en convoi, sous la protection de navires de guerre. Du coup, voilà la lenteur imposée aux opérations, et peut-être le blocus des Dardanelles moins rigoureux, par suite de l'affectation de nombreux destroyers à l'escorte des convois. Une force navale aura pour base Corfou. C'est encore des navires en moins au débouché des Dardanelles. Aussi, à Constantinople, à l'annonce des prouesses de Raouf bey, la population entre en délire : les journaux multiplient ses portraits ; on écrit des odes à sa louange. En Egypte, une souscription est ouverte pour lui offrir une épée d'honneur. Et voici que le *Hamidieh* reparaît devant Alexandrie ; la population manifeste son enthousiasme. S'il ne tenait qu'à elle, elle porterait Raouf bey en triomphe. Celui-ci, cependant, n'a fait que toucher barre pour se rafraîchir en vivres et en charbon ; trois jours plus tard il paraît à nouveau devant Medua, achevant de détruire à coups de canon les transports échoués lors de son premier passage et que l'on travaillait à remettre à flot. Les préliminaires de paix viennent mettre fin à cette magnifique randonnée. Raouf bey, rappelé par son gouvernement, se décide à faire son retour à Constantinople, où l'attendent les honneurs du triomphe.

Tel est le dernier grand fait de cette guerre navale. Il suffit à lui seul à projeter une auréole de gloire sur la marine ottomane. Si celle-ci avait eu à la tête de sa flotte un homme de la trempe de Raouf bey, elle n'eût pas connu les humiliations des journées des 19 décembre et 18 janvier.

La paix, signée à Londres le 30 mai 1913, mettait fin aux hostilités.

KAVAKLI. — LES MORTS SONT RAMASSÉS SUR LE CHAMP DE BATAILLE ET TRANSPORTÉS LOIN DU VILLAGE OU ILS SERONT ENSEVELIS

Les paysans chargés de cette lugubre besogne, pour gagner du temps et de la peine, une fois la charrette remplie, attachent avec des cordes d'autres cadavres et les traînent dans la boue jusqu'à leur dernière demeure.

LES DÉBOIRES ET AVENTURES D'UN CORRESPONDANT DE GUERRE

PAR RENÉ PUAUX

CORRESPONDANT DE GUERRE DU "*TEMPS*"

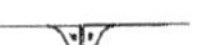

LES VICTIMES DE LA GUERRE. — LA CORRESPONDANCE DE GUERRE HIER ET AUJOURD'HUI. — TOUT LE MONDE VEUT SUIVRE LA CAMPAGNE. — LES INEXPÉRIMENTÉS ET LES DOUTEUX. — LA PUISSANCE DE LA PRESSE. — LES RÈGLEMENTS DE LA CENSURE. — CE QU'ON NE PEUT PAS RACONTER. — CE QUE L'ON INVENTE. — LA FABRIQUE DE ROMANS A STARA-ZAGORA. — LE RÉCIT IMAGINÉ DE LA PRISE DE KIRK-KILISSÉ. — POUR DÉCOUVRIR OU SONT LES ARMÉES BULGARES. — LES PRIVILÉGIÉS DÉTENTEURS DE LA LETTRE BLANCHE. — CE QU'IL FAUT EMPORTER EN CAMPAGNE. — LA CAMPAGNE DE MACÉDOINE AVEC L'ARMÉE GRECQUE. — UN BUREAU SUR DE VIEILLES CAISSES. — UNE PAGE DE CARNET DE ROUTE. — UN ORAGE MATINAL. — LE CAMPEMENT AU MILIEU DES CHAUFFEURS. — LE ROI CONSTANTIN ET SES SOLDATS. — GEORGES SCOTT FAIT DE L'AQUARELLE. — LES INSECTES DÉVORANTS. — UNE AVENTURE IMPRUDENTE. — L'OPÉRATEUR DU CINÉMA. — LES FRANÇAIS ONT PLUS DE SANG-FROID QUE LES ALLEMANDS.

Au moment de réunir quelques souvenirs sur les deux guerres des Balkans, il me vient une profonde émotion. C'est la vision de tous ces pauvres diables que, sous l'uniforme turc, sous l'uniforme bulgare, sous l'uniforme serbe, sous l'uniforme grec, j'ai vus tomber le long des grandes routes boueuses de Thrace, dans les vallons de la Toundja, de la Karagach-Deré, au pied des coteaux de Tchataldja, autour d'Andrinople, dans la plaine de Doiran et les défilés de la Strouma. Les pages de l'Histoire sont composées de milliers de ces petits caractères anonymes. On ne songe pas assez à ce que coûte, en vies humaines, l'épopée guerrière des nations. Braves paysans serbes arrachés à leurs champs par la grande affiche blanche de la mobilisation, boutiquiers paisibles morcelant les tranches de fromage blanc dans les bourgades de Bulgarie, bergers hellènes poussant leurs chèvres aux flancs de l'Hymette et du Pinde, Turcs débonnaires sirotant leur café sous la voûte de pampres des ruelles de Tchorlou et de Dimotika, tous se sont rués les uns contre les autres, plus ou moins conscients de l'immensité du rôle qu'ils jouaient dans l'évolution du monde. Combien de fois, trottant à travers champs pour rejoindre un régiment en marche ou pousser une pointe vers l'avant, n'ai-je pas rencontré l'un de ceux-là dormant son dernier sommeil, à plat ventre dans un sillon, trop à l'écart pour que les ambulanciers ou les fossoyeurs aient pu le découvrir. Son visage était calme, il y avait sur ses traits comme un étonnement naïf devant le sort. Il ne savait pas, pas plus qu'aucun homme jeune ne sait, ce qu'est la guerre. Pauvres pions de l'échiquier tactique et stratégique, ce sont ceux que l'on sacrifie avec la désinvolture des joueurs qui ne s'intéressent qu'à la fin de la partie, au moment où il ne reste sur le damier que les tours, le fou, le cavalier, le roi et la reine. Je pense à eux, car ce que nous autres, les correspondants de guerre, avons pu endurer n'est qu'une insignifiante fatigue comparée à leurs souffrances. Je pense à eux parce que je ne peux pas oublier cette matinée de novembre où, chevauchant aux côtés du général Radko Dimitrieff, commandant la troisième armée bulgare et général en chef devant Tchataldja, l'homme de guerre me déclarait sans sourciller : « Le forcement des lignes de Tchataldja nous coûtera quinze ou vingt mille hommes, mais que voulez-vous ? On ne fait pas d'omelette sans casser des œufs ». Quinze ou vingt mille vies humaines, que de foyers en deuil, que d'espoirs d'existence, que de tendresses anéanties ! Quel mystère d'affection et d'amour ne cachait point ce cœur qui a cessé de battre ! Quand on parle de la guerre on oublie trop vite cet effroyable sacrifice. Il faut saluer tous ces morts avec un infini respect, car rien ne demeure de leur personnalité misérable ou superbe. Ils sont aujourd'hui confondus dans les fosses communes de Thrace et de Macédoine, ouvriers d'une œuvre dont ils n'auront pas vu le résultat : la défense ou l'agrandissement de leur Patrie.

La correspondance de guerre est un métier qui a eu ses héros : les Russell, les Melton Prior, les Fillion, et, parmi les contemporains, les Bennett Burleig, les Ashmet Bartlett, les Reginald Kann, les Ludovic Naudeau, les Jean Rodes, les Raymond Recouly, et d'autres que je ne puis tous nommer ont laissé des pages inoubliables. Quand le *Temps* me confia le soin de suivre l'armée bulgare, j'en conçus, je l'avoue, une immense satisfaction et une certaine appréhension. Réussirais-je des exploits dignes de Michel Strogoff ? Pourrais-je, si, le premier, j'apprenais la victoire, chevaucher à bride abattue vers le prochain bureau télégraphique et là, pour monopoliser la ligne, confier à l'employé ahuri les premières pages de la Bible à passer sur le fil en attendant la rédaction de ma dépêche. Ce sont les belles et excitantes illusions de la jeunesse. Aujourd'hui ces exploits ne sont plus possibles. Je devais m'en apercevoir peu de temps après mon arrivée à Sofia. La veille de la déclaration de guerre nous étions quatre-vingt-dix correspondants inscrits au bureau de la presse. Il n'y avait plus de match en perspective. C'était la cohue. Daudet, dont la plume fut acerbe et qui décrivit Tartarin, aurait eu là une riche moisson de types et de gestes. D'aucuns, qui n'avaient sans doute jamais voyagé autrement qu'en chemin de fer, étaient en jaquette et en melon avec une petite valise contenant du linge de rechange ; d'autres étaient équipés comme les compagnons de Nansen au pôle Nord, avec un luxe de fourrures et de couvertures qui prouvait leur terreur de l'inconfort et du froid, à défaut d'autres terreurs. Plusieurs circulaient dans

BLESSÉ. — KIRK-KILISSÉ

BLESSÉ. — HOPITAL DE SOFIA

Sofia, à deux cents kilomètres du front, avec un revolver et des éperons. La plupart arboraient leurs brassards rouges avec la satisfaction qu'éprouvent les commissaires adjoints aux meetings d'aviation qui ne payent pas leur entrée et peuvent circuler librement devant les hangars et près des appareils. Le bureau de la presse de Sofia n'avait pas prévu une telle affluence. C'était un défilé continuel de gens venant réclamer leur brassard, leur carte, comme on sollicite des billets de faveur au secrétariat général d'un théâtre. On faisait queue. Le gouvernement bulgare fut fort embarrassé. D'abord d'où venaient tous ces gens ? Quelle garantie de moralité présentaient-ils ? N'y avait-il pas parmi eux quelque espion turc ? J'ouvre ici une parenthèse pour noter les faits suivants : l'un d'entre nous a reconnu, parmi les correspondants ayant reçu leur brassard de la censure bulgare, un officier turc qu'il avait rencontré aux manœuvres françaises deux ans auparavant. Il disparut d'ailleurs peu de temps après l'arrivée à Moustapha-Pacha. Dans les jours qui ont précédé la déclaration de guerre, il est venu à Sofia un homme audacieux se donnant comme correspondant d'un grand journal français, et qui n'était autre que le secrétaire de Noradounghian effendi, ministre des Affaires étrangères de Turquie. Fallait-il faire preuve d'ostracisme ? refuser la plupart de ces journalistes venus de loin et n'en accepter que quelques-uns triés sur le volet ? La Bulgarie ne pouvait avoir cette audace. Pays jeune, le dernier venu des royaumes de la vieille Europe, la Bulgarie ne pouvait risquer de mécontenter la presse européenne. Peut-être aurait-elle besoin d'elle si le sort des armes devenait adverse ? Peut-être aurait-elle recours à elle pour défendre certaines de ses revendications ultérieures. La presse est le quatrième pouvoir devant lequel on tremble, parce que c'est elle qui fait l'opinion. On remit donc des brassards à tous ceux qui se présentaient et qui pouvaient fournir une attestation de nationalité de leur légation et un certificat de leur journal les accréditant pour suivre la campagne. On leur remettait en même temps les instructions touchant les sujets interdits et les règlements à observer. Les Bulgares, ce faisant, imitaient les Japonais qui, pour les correspondants suivant leur armée en Mandchourie, avaient fait imprimer, eux aussi, des instructions détaillées. Le règlement, signé du chef d'état-major, le général Fischeff, nous annonçait qu'il était interdit aux correspondants de guerre d'envoyer des informations : 1° sur l'organisation des unités de l'armée, la dislocation et le nombre des troupes, les travaux préparatoires ainsi que les intentions et les projets des commandements ; 2° sur les dispositions et les déplacements des

unités de l'armée, du personnel du commandement, des états-majors, des services derrière l'armée et des réserves ; 3° sur la dénomination des divisions, des détachements et des différentes unités de l'armée, ainsi que sur les noms du personnel et du commandement, cela, bien entendu, dans la mesure où les informations peuvent constituer des renseignements sur l'organisation des armées et sur les lieux où elles sont disposées ; 4° sur l'armement des armées et des forteresses, sur l'état des positions, sur le service de ravitaillement et l'état sanitaire des troupes ; 5° sur les effets des projectiles et la régularité du tir de l'armée ennemie ; 6° sur la préparation, l'expédition, l'itinéraire et l'arrivée des troupes, leur renforcement, de même sur le personnel naval participant aux opérations ; 6° sur la résistance et l'état technique des voies ferrées et des lignes militaires qui servent au transport des troupes et du matériel de guerre, de même sur l'état des chaussées et autres routes anciennes ou nouvellement construites dans le rayon des opérations de guerre ; de plus il nous était interdit de publier le nom des blessés et des tués avant qu'ait paru la liste officielle, et l'on nous prévenait que la censure ne laisserait pas passer la description des faits de guerre défavorables à l'armée bulgare, ainsi que la critique des ordres et des dispositions du commandement. La lecture de ce règlement était de nature à décourager les plus optimistes. Que restait-il à raconter si l'on devait observer toutes ces interdictions ? Je dois dire que la victoire rendit les Bulgares moins sévères et leur fit comprendre qu'ils pouvaient laisser dire bien des choses sans danger, surtout vis-à-vis d'un ennemi démoralisé, désemparé et en pleine retraite. Nos débuts furent cependant difficiles ; on nous avait transportés de Sofia à Stara-Zagora, c'est-à-dire plus près de la frontière, mais encore fort loin de la bataille. La frontière espagnole est plus proche de Bordeaux que de Paris, mais de Bordeaux il y a encore bon nombre de kilomètres à franchir avant d'atteindre la Bidassoa. Prisonniers de l'état-major bulgare, nous n'avions rien de mieux à faire que de patienter. Le bureau de la censure, l'hôtel du Lion d'Or et un misérable petit café crasseux au coin des deux rues principales étaient nos seuls lieux de distraction. Avec mon ami Stanhope, du *New-York Herald*, nous avions trouvé un bain turc, un peu inquiétant d'aspect mais très suffisamment propre, où nous passions d'habitude nos cinq à sept. Le reste du temps on courait la ville à la recherche de nouvelles. Tous les jours, entre une heure et deux, la section de censure affichait dans la salle, dite des correspondants, le bulletin officiel en français. Les novices se ruaient sur cette unique pâture, copiaient scrupuleusement le texte et, le traduisant en différentes langues, portaient triomphalement ces nouvelles au télégraphe à destination des quatre coins du globe. Ils ne se doutaient point que depuis longtemps l'Agence télégraphique officielle bulgare de Sofia en avait eu connaissance, et qu'en vertu de ses contrats les avait transmises aux agences sœurs : Havas, Reuter, Stefani, Wolff, qui les avaient à leur tour fournies aux journaux. Ceux-ci recevaient donc, avec plusieurs heures de retard, par leur correspondant spécial, la même substance dont l'Agence les avait nourris. Il est vrai que l'imagination de certains correspondants parvenait, avec les dix lignes du petit communiqué quotidien, à faire une colonne entière. C'est une simple question de procédé. Quand le communiqué disait : « Dans un combat à Jourouch nos troupes ont victorieusement refoulé l'ennemi », il n'était pas interdit de chercher sur la carte où se trouvait Jourouch et, remarquant sa proximité de la Maritza et sa position à l'ouest d'Andrinople, d'imaginer : « Les Turcs se replient le long de la rivière dont l'eau boueuse se teinte déjà de filets de sang..., etc. », et de supputer

« l'effroi dans Andrinople, en devinant dans la plaine l'avance des Bulgares, masse sombre qui... etc., ». C'est ainsi qu'on a lu à Paris, dans un journal qui se flatte de la sûreté de ses informations, un récit de la prise de Kirk-Kilissé qui a été fabriqué de toutes pièces à Stara-Zagora de la façon indiquée plus haut. Je regrette de ne pas avoir conservé l'original du communiqué qui fut affiché le 25 octobre, relatant la prise de Kirk-Kilissé. Il était fort bref, je m'en souviens; il indiquait seulement l'important butin fait par les Bulgares. C'est sur ces bases que mon audacieux confrère crut pouvoir se lancer dans la description. Le communiqué était muet sur la façon dont la ville avait été prise, mais on nous avait tellement répété que Kirk-Kilissé était une place forte dont von der Goltz pacha avait lui-même surveillé l'armement, qu'il était invraisemblable que le combat n'eût pas été acharné. Alors il raconta la furieuse canonnade, les assauts à la baïonnette, les combats à l'arme blanche dans les faubourgs, et il paya pour cette magnifique composition française (dont tout était faux, puisque les Turcs abandonnèrent la ville sans livrer combat) la triple taxe, soit 90 centimes le mot, afin d'avoir la priorité sur les dépêches de ses confrères. Cette précaution était d'ailleurs vaine, car tout le monde payait la triple taxe et il est même dommage que les règlements d'administration publique n'eussent pas permis de mettre aux enchères la priorité dans l'envoi des dépêches, car les télégraphes bulgares auraient réalisé de ce fait une fortune supplémentaire.

Cette avalanche de télégrammes fantaisistes, simple démarquage des bulletins officiels, fit malheureusement impression dans les capitales où il semble vraiment que les gens n'ont plus de sens critique et où la jalousie de journaux à journaux obscurcit les yeux des rédacteurs en chef. Les malheureux correspondants sérieux qui attendaient d'avoir vu quelque chose pour le raconter recevaient des télégrammes éplorés ou comminatoires de leur rédaction : Ordre de télégraphier au plus vite de longs récits aussi beaux et sensationnels que ceux publiés par les confrères. Mes essais télégraphiques à Stara-Zagora furent décevants. Ayant dès le premier jour renoncé à câbler les bulletins officiels, nous nous étions, quelques amis et moi, consacrés à la tâche de découvrir où se trouvaient les armées bulgares et quelle était la principale d'entre elles, afin d'en déduire stratégiquement le développement possible de la campagne. En présentant à la censure des télégrammes tendancieux que nous nous réservions de ne pas envoyer, car ils n'étaient que des tâtonnements pour savoir la vérité, nous étions arrivés à constater que le crayon bleu rayait impitoyablement tout ce qui avait trait à un hypothétique groupement des forces bulgares vers l'est, au nord de Kirk-Kilissé. Nous étions désormais fixés. L'avance sur Andrinople, le long de la Maritza, n'était qu'une opération accessoire; l'action principale était à l'est. Et c'est pour cette raison que, le lendemain de notre arrivée à Mustapha-Pacha, notre petit groupe, qui comprenait le marquis René de Segonzac, représentant l'*Echo de Paris,* le capitaine d'état-major Bernard, représentant l'*Éclair,* le lieutenant d'état-major Antoinat, correspondant de l'*Illustration* sous le pseudonyme de A. de Penennrun, et moi, prenait la clé des champs pour aller rejoindre le général Radko Dimitrieff à Kirk-Kilissé. Nous laissions à Mustapha-Pacha le régiment des correspondants qui, moins avertis et dans l'impossibilité de courir la campagne, firent là un séjour dont l'agrément et l'intérêt furent relatifs. D'ailleurs presque tous quittèrent au bout de quelques jours, ou furent tout simplement renvoyés à Sofia par les autorités militaires. En mettant à part, en effet, le fait qu'ils ignoraient que l'action importante ne se déroulerait pas autour d'Andrinople, nos collègues manquaient pour nous suivre à la fois de moyens matériels et de *la lettre blanche.* L'état-major bulgare, qui n'avait pas pu refuser à Sofia les quatre-vingt-dix brassards qu'on lui avait demandés, s'était ressaisi. Il avait fait donner secrètement, pendant notre séjour à Stara-Zagora, à une dizaine seulement d'entre nous, dont mes camarades français, trois anglais et quatre russes, une lettre sur simple papier blanc mais signée du chef d'état-major et autorisant le porteur à circuler où bon lui semblait. Le brassard rouge n'avait plus ainsi qu'une faible valeur. C'était l'entrée à la pelouse mais pas l'accès au pesage. J'ai dit tout à l'heure que nombre de correspondants ne se faisaient pas une idée des rigueurs et des nécessités matérielles d'une campagne de guerre. J'en vois encore un qui avait de petits souliers découverts et des *leggins* sur son pantalon tirebouchonné, ce qui laissait, entre la chaussure et la guêtre, un espace bâillant où la chaussette colorée apparaissait triomphante. La plupart n'avaient ni chevaux, ni charrettes, ni domestique interprète, ni installation quelconque de campement. Ils avaient en hâte acheté à Sofia et à Stara-Zagora quelques tablettes de chocolat, des biscuits, deux ou trois boîtes de sardines et une gourde de cognac, persuadés d'ailleurs qu'ils avaient même pris trop de choses et que l'état-major bulgare pourvoirait à tous leurs besoins. Quand je pense qu'avec Segonzac nous avions trois chevaux, une charrette achetée à Stara-Zagora, tente, literie, chaises et tables pliantes, cuisine, deux caisses de vivres, pharmacie, ingrédients de toutes sortes, bougies, photophore, poudre à punaises, cargaisons de cigarettes et d'allumettes, courroies, ficelles, cordes (prévues pour la réparation du matériel et des harnachements), selles de rechange, bouteilles thermos, café en poudre, sucre, cuvette en caoutchouc, etc., etc., et que nous nous aperçûmes que nous étions « très juste » et qu'il fallut une nouvelle charrette avec des bœufs, en raison de la difficulté des routes, je me demande ce qui serait arrivé si l'on avait laissé le monsieur aux petits souliers découverts et beaucoup de ses semblables s'engager sur le chemin d'Uskudar comme nous le fîmes, le 29 octobre 1912, à une heure de l'après-midi. Nous avons toujours reçu, c'est certain, le meilleur accueil chaque fois que nous tombions, à une étape, dans un campement de l'armée bulgare. On nous conviait à déjeuner ou à dîner et l'on s'ingéniait à nous trouver un gîte convenable qui nous dispensât d'avoir à déployer la tente, mais sans nos ressources personnelles nous n'aurions pu aller jusqu'au bout, car les officiers étaient eux-mêmes à la portion congrue en raison de l'extrême difficulté du ravitaillement.

Pendant la seconde campagne que j'ai faite de Salonique à Simitli, avec les Grecs, la situation fut un peu différente. L'existence d'un chemin de fer, de Salonique à Demir-Hissar, et le fait qu'après Demir-Hissar l'action principale se passait autour de l'axe de la route carrossable de la Strouma, sur laquelle les automobiles circulaient aisément, me permirent de me dispenser d'une grande partie du matériel, indispensable pendant la campagne de Thrace. J'ai

L'AVANCE DE L'ARTILLERIE BULGARE EN THRACE

MARSEILLES
ESSENCE
ESSENCE

cependant amèrement regretté les chaises pliantes et la table pliante de Segonzac, car il est très fatigant d'écrire sur ses genoux. A Livonovo j'avais enfin trouvé de vieilles caisses d'essence avec lesquelles je m'étais construit un bureau en plein air. Georges Scott et moi nous couchions dehors avec un moustiquaire ingénieusement installé sur quatre piquets aux coins de notre lit de camp. Un orage diluvien, qui nous surprit un matin au lever du soleil et fournit aux assistants l'amusant spectacle de deux individus réveillés par une inondation céleste et se débattant à demi vêtus dans un moustiquaire trempé dont ils ne pouvaient plus se débarrasser, nous fit faire des platitudes pour obtenir de l'état-major une tente. Cet incident fut l'un des premiers que je pus écrire sur mon fameux petit bureau et voici la page de mon carnet de route :

25 juillet.

Journée vide. On attend des nouvelles de l'aile gauche, le résultat de l'action combinée des divisions de cette aile gauche avec les forces serbes, et les divisionnaires étant avares de télégrammes, on tue le temps comme on peut. Le colonel serbe Vassitch, attaché au quartier général de l'armée grecque, annote une traduction française de l'*Odyssée* et me demande, au cours d'une visite que je lui fais, le sens exact du mot « pugilat ». Les princes font cercle autour de Georges Scott qui prépare une page pour l'*Illustration* : une scène vue hier au soir : le roi travaillant, seul, à la lueur de la lampe sur le balcon couvert de la maison d'état-major, pendant qu'autour de lui Livonovo dort sous les étoiles. Nous ne nous étions couchés qu'assez tard, après un dîner fait à la lueur d'un phare d'automobile, car notre campement est dans le creux du vallon, au milieu des voitures, sous deux ormes dont le vent fait bruisser le feuillage touffu. Les chauffeurs, nos compagnons, sont des garçons amusants, débrouillards. Ils ont fait, sous la direction de M. Carapano, depuis neuf mois, un travail éreintant, arrivant à passer camions et limousines par d'invraisemblables pistes de montagnes, dans la boue des chemins et le sable des ruisseaux, sans cesse au volant, réparant leur moteur fatigué, rafistolant les ressorts, inventant des dispositifs de fortune, et ne perdant pas un instant cette bonne humeur qui donne à beaucoup d'entre eux l'allure de gamins de Paris. Il y a là toutes les conditions sociales, le millionnaire grec du Caire, d'Alexandrie ou de Londres, le chauffeur de taxi et le chauffeur de maître; ils fraternisent autour de la même gamelle et le soir chantent en chœur des romances, *sotto voce*. Ils ont admis nos deux lits de camp au milieu du rempart de leurs voitures et nous dormons là, à la belle étoile, avec des bidons d'essence comme table de nuit. Ce matin un orage a salué le lever du soleil et, enfermés dans nos moustiquaires, la pluie a gagné de vitesse notre réveil, nous inondant des pieds à la tête. Cela a été une débandade, la

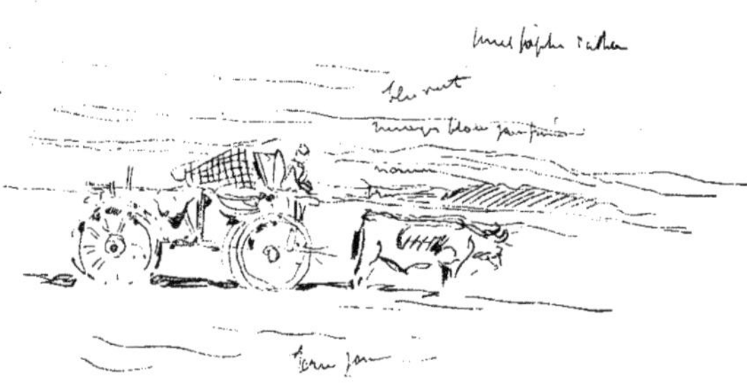

GUERRE GRÉCO-BULGARE. — PRISONNIERS BULGARES GARDÉS PAR UN SOLDAT GREC

recherche éperdue d'un abri et puis le rire, le bon rire joyeux devant les mines effarées, les tenues en désordre d'inondés. Les chauffeurs sont bons enfants, serviables. L'un d'entre eux, qui porte le prénom de Thémistocle et qu'on appelle « Lili » dans la vie courante, s'ingénie, avec son camarade Robert, à nous rendre service, et un troisième, qu'on appelle « le ténor » et qui est convalescent d'une balle dans le bras, va chercher de l'eau, lave les couverts, avec un perpétuel sourire. Ici nous sommes plus près des réalités de la vie, les vieilles écorces tombent. Ce qui est bon et vigoureux demeure, et les hommes n'ont plus que leur valeur strictement humaine. Et c'est une chose très réconfortante que cette promiscuité qui met un roi au milieu de ses soldats, qui nous unit tous par les liens d'une existence semblable. Le roi Constantin est bien la physionomie la plus séduisante du quartier général. Les soldats l'appellent familièrement « *Costa pallas* » (*Costa* est le diminutif de Constantin et *pallas* signifie le sabre, « Constantin le sabreur », un nom à la Murat, qui va bien à cet homme jeune, de haute stature, enthousiaste et simple comme un adolescent, que son état-major doit retenir contre lui-même, car il s'ennuie de ne pas être au feu. Il vient de temps à autre nous rendre visite, s'assied sur un bidon de pétrole, regarde Scott travailler, aime voir le peintre militaire français s'intéresser à ses petits soldats que Scott trouve semblables aux nôtres ; il parle d'eux avec affection, raconte leurs fantaisies, leurs bons mots, leurs reparties. Il y a de ces mots de soldats que le roi ne raconte pas par modestie, mais que d'autres m'ont racontés. Ainsi, pendant la campagne d'Épire, alors qu'il commandait l'armée qui allait prendre Janina, il s'étonna un jour de voir sur sa route, en plein hiver, les canons décorés de lauriers, et, s'adressant à un artilleur, il lui dit : « Où trouvez-vous donc tout ce laurier ? » Et le soldat de lui répondre : « Il pousse derrière toi ! » Le roi nous parle en riant de sa maison où l'eau du ciel tombe par le toit entr'ouvert et où il a dû remplacer les vitres absentes par des numéros de l'*Embros* et du *Daily Graphic.* « Les punaises et les moustiques abondent, mais ma peau ne doit pas les tenter », dit-il. Le diadoque ne peut en dire autant et l'alcali volatil et autres remèdes contre la cuisson des démangeaisons sont les bienvenus. Tout cela se passe en famille. On se fait vacciner pour la deuxième ou troisième fois contre le choléra,

GROUPES DE CHARIOTS DE RAVITAILLEMENT A DEMOTIKA

sans ordre hiérarchique, sans apparat, en plein air, au pied de la maison délabrée qui sert d'asile à l'état-major, et la cuisine est la même pour tous. On nous apporte nos portions à l'heure de la soupe. Nous y ajoutons, quand l'appétit est un peu trop aigu, une boîte de conserves de nos réserves et c'est une vie saine, qui nous fait paraître comme une invention de romans les restaurants parisiens avec les orchestres de tziganes, les nappes blanches, les cristaux et les réclamations au maître d'hôtel pour l'entrecôte « insuffisamment saisie ».

Je tourne quelques pages de mon carnet et je relis, non sans satisfaction actuelle et frémissement rétrospectif, cette note : « Quand on débarque en Macédoine au mois de juillet, la première constatation que l'on y fait n'est pas la prédominance de l'élément grec sur l'élément slave ou de l'élément musulman sur l'élément chrétien, mais celle des mouches sur toutes autres créatures vivantes. Il y en a des milliards. Le soir notre tente en est tapissée comme un papier gluant dans une pâtisserie de Provence et même le moustiquaire est un insuffisant rempart contre ces bestioles qui ne se passent pas les pattes au sublimé avant de se promener sur votre figure. Je mentionnerai également pour mémoire (celle que ma peau en garde) la présence de punaises, puces, moustiques, en contingents aussi agressifs que nombreux. J'ai vu des poux... et leurs frères inférieurs ».

Ces petites misères physiques me furent beaucoup plus émouvantes que les autres risques de la campagne. Cela dépend évidemment des peaux et des tempéraments. Pour mon compte personnel j'avais beaucoup plus peur de rentrer dans le compartiment de seconde classe du wagon 123 des Chemins de fer Orientaux, qui fut mon gîte pendant plusieurs nuits à Hadji-Beylik, gîte que je partageais avec mon ami Mavroudis et quelques familles prospères de punaises, que je n'ai éprouvé d'émotion quand, au delà de Simitli, j'ai entendu siffler à mes oreilles une assez copieuse collection de balles bulgares. C'est certainement l'aventure la plus sotte, mais celle dont, après coup, je me suis senti le plus fier de toute cette campagne. Nous étions partis en auto, pour aller en avant, après la prise de Simitli, voir d'un peu près l'infanterie en action vers Djoumaja. La route était belle et nous filions, dépassant des petits postes grecs qui, dans le profond fossé de gauche, semblaient s'être mis là simplement pour être à l'abri du soleil ou pour débarrasser la route. Nous marchions à une assez vive allure, ne rencontrant plus de petits postes mais des cadavres bulgares, quand force nous fut de stopper : un cinématographe était installé au beau milieu du chemin et tournait un film tandis qu'à ses côtés un petit indigène tenait par la bride un ânon. Le site était pittoresque, mais, à part les cadavres de soldats bulgares, on ne voyait rien de sensationnel. L'opérateur, un Français installé à Athènes, et travaillant pour une grande maison de Paris, était une connaissance que j'avais faite à Hadji-Beylik. Je mets pied à terre, tire mon kodak, et nous commençons à causer. Il me raconte ses aventures de ces derniers jours ; l'extrême difficulté qu'il y a à prendre des films de batailles. « On ne voit rien, me dit-il. L'autre jour, décidé coûte que coûte à « tourner » quelque chose de bien, je m'étais avancé en avant du village, mais les obus bulgares sont venus tomber si près que force a été de laisser là mon appareil et d'attendre une accalmie pour aller le rechercher. Vous ne vous doutez pas de la rareté des beaux cadavres, c'est-à-dire avec leur équipement complet, car, dès que l'armée avance, elle leur prend leurs armes, et, pour un bon film, il est essentiel qu'il y ait les fusils et les baïonnettes, sans quoi cela a l'air pris n'importe où. »

ANDRINOPLE. — L'ILE DE LA MORT

Prisonniers turcs parqués dans une île sur la Toundja, où ils sont condamnés à mourir de faim ou du choléra. — L'écorce des arbres a été leur seule nourriture

Nous en étions là de notre conversation, quand du tournant de la route, devant nous, débouchent quatre cavaliers grecs ventre à terre qui nous font, en chargeant sur nous, des signes violents d'avoir à décamper au plus vite. Ils passent en trombe, l'un des chevaux piétine la boîte d'objectifs du cinéma qui était à terre et ils disparaissent. J'ai eu à ce moment-là l'impression fulgurante que des cavaliers bulgares allaient à leur tour déboucher du tournant de la route et que nous étions perdus. Ce ne sont pas les cavaliers bulgares, mais les balles bulgares qui sont venues, et elles commencèrent à siffler à nos oreilles et à claquer sur les rochers à gauche, derrière nous, avec un petit bruit mat que j'oublierai difficilement. Nous étions évidemment dans un mauvais endroit ! Cela ne nous a pas empêchés de faire bien tranquillement toute la manœuvre, lente sur une route étroite, pour tourner l'automobile, puis de charger le cinéma, son opérateur, d'aller non moins tranquillement chercher un des fusils bulgares et une magnifique douille d'obus de 120 qui gisait un peu plus loin en avant, toujours pendant que nous servions de cible aux tirailleurs bulgares. Quand nous sommes revenus, deux kilomètres avant Simitli, un commandant nous a révélé le mystère. Nous avions si bien voulu voir la ligne de feu en action que nous avions dépassé sans le savoir les avant-postes grecs (ceux qui étaient dans le fossé de gauche pour se protéger du soleil !) et que nous n'étions plus, quand le cinéma nous avait forcés à nous arrêter, qu'à six ou huit cents mètres de l'arrière-garde bulgare. Les cavaliers revenaient, avec l'audace qui caractérise cette arme, de pousser une reconnaissance jusqu'au proche tournant, point extrême de la témérité.

Cela c'est le premier acte, que je ne raconterais pas s'il n'y avait pas le second. Le lendemain l'attaché militaire allemand et le correspondant d'un grand journal allemand, ancien officier, chamarré de rubans sur son dolman kaki, empruntèrent une autre automobile de l'état-major pour, eux aussi, pousser une reconnaissance sur cette même route. Seulement, quand les balles sifflèrent, ils lâchèrent la voiture au beau milieu du chemin, dégringolèrent dans le fossé et détalèrent à toute allure vers Simitli. Ces deux histoires firent la joie de l'armée, où le « culot » des Français et la « prudence » des Allemands sur la route de Djoumaïa prêtèrent à quelques commentaires qui n'auraient pas été désagréables au général Eydoux ! J'ai peut-être, avec ces quelques histoires, un peu trop parlé de mes aventures personnelles, mais c'est, après tout, un sujet sur lequel je suis plus sûr de ne pas me tromper que sur ce qui s'est passé exactement à Lule-Bourgas du 30 octobre au 2 novembre 1912 ou à l'aile gauche de l'armée grecque à la fin de juillet 1913.

TABLE DES MATIÈRES

Pages

Une Ame serbe, par ALAIN DE PENENNRUN. 5

Les Dardanelles, par ALAIN DE PENENNRUN 11

Sept mois de campagne, par GEORGES RÉMOND. 17

La Revanche de la Grèce, par JEAN LEUNE. 27

La Campagne d'Épire, par Mme HÉLÈNE LEUNE 35

Le Siège d'Andrinople, par GUSTAVE CIRILLI 45

Dans Andrinople bulgare, par GUSTAVE BABIN 55

Quinze jours avec l'armée monténégrine, par GUSTAVE BABIN 65

Épisodes et Combats sur mer, par le capitaine de frégate NEL 71

Les Déboires et Aventures d'un correspondant de guerre, par RENÉ PUAUX 81

ANDRINOPLE. — TYPES DE SOLDATS BULGARES

ARMÉE BULGARE. — TAMBOUR

ACHEVÉ D'IMPRIMER LE 18 DÉCEMBRE 1913

SUR LES PRESSES

DES

IMPRIMERIES RÉUNIES DE NANCY

www.ingramcontent.com/pod-product-compliance
Ingram Content Group UK Ltd.
Pitfield, Milton Keynes, MK11 3LW, UK
UKHW021049230726
13926UKWH00004B/1745